Le déclin du discours métaphysique dans la pensée arabe contemporaine

Essai sur le positivisme logique de Zakî Najîb Ma<u>h</u>mûd

Jean-Pierre Nakhlé

Le déclin du discours métaphysique dans la pensée arabe contemporaine

Essai sur le positivisme logique de Zakî Najîb Ma<u>h</u>mûd

Du même auteur

La reconquête de l'être – Essai sur la marginalisation de la conscience dans l'œuvre de Joseph Abou Rizk, Paris, L'Harmattan, coll. « Pensée religieuse et philosophique arabe », 2012.

Pour une autre philosophie de l'environnement – Le statut paradoxal de l'intelligence vis-à-vis de la nature, Paris, L'Harmattan, 2014.

Le criticisme dans la pensée arabe – Essai sur le rationalisme dans l'œuvre de Sadiq Jalâl al-'Azm, Paris, L'Harmattan, coll. Pensée religieuse et philosophique arabe, 2015.

Mission humanisante de l'art. Approche philosophique, Paris, L'Harmattan, 2016.

© L'Harmattan, 2017
5-7, rue de l'Ecole-Polytechnique, 75005 Paris

http://www.editions-harmattan.fr

ISBN : 978-2-343-11889-5
EAN : 9782343118895

Introduction

Remettre en question les concepts métaphysiques à une époque et dans une société encore imbues d'une mentalité qui croit au surnaturel est une attitude courageuse qui va à l'encontre d'une manière de penser qui accorde aux phénomènes surnaturels le pouvoir de décider de la destinée de la vie humaine. C'est à une époque où bon nombre d'Arabes ne cessent d'être fortement attachés à des croyances non scientifiques que certains penseurs arabes osent s'attaquer à une pareille mentalité soutenue par une autorité oppressive. Laquelle a intérêt à faire appel à des forces occultes pour maintenir son pouvoir.

S'élever au-dessus des préjugés de son milieu et de son temps et rompre avec des conceptions métaphysiques archaïques et des superstitions héritées nécessitent un esprit critique et rationnel. Un esprit propre à réexaminer, d'une façon analytique et scientifique, tout un ensemble de notions qui jusqu'alors étaient tenues pour des vérités indépassables. Zakî Najîb Mahmûd est parmi ces grands penseurs arabes qui ont levé l'étendard de la pensée scientifique et critique au mépris des croyances métaphysiques. Bien qu'il ait modifié, quelques années après sa parution, le titre de son ouvrage *Superstition de la métaphysique,* qui a suscité des réactions violentes, en *Attitude à l'égard de la métaphysique,* il n'en reste pas moins que cette attitude est certainement critique. Car elle trouve son fondement dans une nouvelle approche qui est celle du positivisme logique.

« Je suis un homme affecté par la maladie de l'analyse rationnelle qui désagrège les attitudes et les pensées en leurs éléments constitutifs les plus fins[1]. » Cette confession de Z. Mahmûd[2] révèle clairement l'adhésion ferme de ce penseur au

---

[1] Z. Mahmûd, *Pensées et attitudes*, Beyrouth-Le Caire, Dâr-al-Shurûq, 1987, p. 78.

[2] Né en Égypte en 1905 et décédé en 1993, Zakî Najîb Mâhmûd est considéré comme un des éminents penseurs arabes du XXe siècle et surtout comme le représentant, par excellence, du positivisme logique. Il fut surnommé le littérateur des philosophes du fait qu'il s'est occupé, à la fois, de la littérature et de la philosophie. Sa biographie peut être dégagée de ses trois ouvrages, à savoir *Histoire d'une âme, Histoire d'une raison* et *La récolte des années* qui constitue son dernier ouvrage qu'il a écrit deux années avant sa mort.

Après avoir terminé ses études secondaires, il s'inscrit dans l'École supérieure des enseignants où il obtient son diplôme en 1930. Il enseigne dans

courant rationaliste occidental dont il ne nie pas l'impact sur sa pensée. Dans un autre ouvrage dont un chapitre est intitulé, de manière significative, « Le pouvoir de la raison », il admet sans contestation la présentation que lui fait un ami d'être « le partisan de la raison »³. Mais la raison qu'il glorifie n'est pas uniquement celle qui s'applique à des domaines formels et abstraits. Elle est plutôt celle qui s'implique dans le monde sensible dont elle tire l'enseignement. Ainsi il affirme, dans un autre passage, qu'il est parmi ceux qui « s'efforcent de dépasser le domaine de la spécialisation théorique pour celui de l'application pratique. Je suis 'empiriste' dans mon appartenance philosophique »⁴. Sa tendance rationnelle ne revêt pas uniquement un aspect épistémologique. La raison est également le véritable guide de la responsabilité « qui reste dépourvue de sens si la raison seule n'est pas le pivot du jugement dans tous les problèmes dont on exige le discernement du vrai et du faux »⁵ et même du bien et du mal.

Son rationalisme se dévoile en particulier dans son adhésion au courant positiviste qui prône l'exactitude scientifique dans l'étude des phénomènes naturels. Pour cela, il consacre ses efforts à défendre la tendance scientifique expérimentale qu'a connue l'orientation philosophique actuelle⁶. Ce n'est pas uniquement le positivisme d'Auguste Comte qui suscitait l'intérêt de la pensée de

---

plusieurs écoles publiques. En 1933 il commence par écrire une série d'articles sur les philosophes modernes dans la revue Arrissâla (Le message). Puis en collaboration avec le penseur Ahmad Amîn, il écrit une série d'ouvrages sur l'histoire de la philosophie et de la littérature. On cite, à titre d'exemple, *Histoire de la philosophie grecque* en 1935 et *Histoire de la philosophie moderne* en 1936. En 1939, le ministère des connaissances lui décerne un prix d'excellence littéraire.

L'étape essentielle de sa vie fut son voyage en Angleterre en 1944 pour préparer sa thèse de doctorat en philosophie à l'Université de Londres. En 1947, il obtint son doctorat. La même année il revient en Égypte pour enseigner la philosophie à la Faculté des Lettres du Caire. En 1953 il voyage aux États-Unis comme maître de conférences dans certaines universités américaines. En 1956 il se marie avec Mounira Helmi qui était docteur en psychologie. En 1960, il reçoit le prix de philosophie de l'État égyptien pour la publication de son ouvrage *Vers une philosophie scientifique*. Un autre prix en littérature lui fut décerné en 1975. En 1984, l'Université Arabe pour la culture arabe lui accorde un prix en Tunisie. L'Université américaine de Caire lui décerne, en 1985, un doctorat d'honneur.

³ Z. Mahmûd, *Une nouvelle société, ou c'est la catastrophe*, Beyrouth-Le Caire, Dâr al-Shurûq, 1983, p. 7.
⁴ *Ibid.*, p. 175.
⁵ *Ibid.*, p. 26.
⁶ Cf. Z. Mahmûd, *Pensées et attitudes*, op.cit., p. 43.

Z. Maḥmûd. C'est surtout le positivisme logique, apparu d'abord à Viennes, puis répandu en Europe et en Amérique qui attirait son attention. C'est, comme il le raconte, grâce aux idées de ce nouveau courant que surgit cette intuition qui lui a permis de soulever le couvercle pour dévoiler une vérité qui lui était longtemps cachée. Vérité qui permet de voir dans le langage un obstacle qui sépare l'homme des choses. Ce qui nécessite d'analyser logiquement les termes de ce langage et leur structure pour y distinguer le côté scientifique de ce qui ne l'est pas.

Toutefois, son adhésion au positivisme logique ne l'a contraint à recommander avec insistance l'affiliation à ce courant que dans le but d'en adopter la méthodologie. Bien qu'il défende rigoureusement et avec acharnement le recours à la seule raison dans la recherche scientifique, la valeur exceptionnelle qu'il accorde à la raison et à la logique ne saurait s'étendre, selon lui, aux domaines où la raison doit laisser le champ libre à l'intervention du côté affectif, à savoir les domaines artistique et littéraire[7]. Domaines dans lesquels l'artiste ou l'homme de lettres sont censés échapper à la rigueur de la logique scientifique pour laisser la place à la création artistique[8].

En fait, la pensée de Z. Maḥmûd connaît deux grands stades. Le premier se traduit dans l'attachement au modèle de la civilisation occidentale et à son échelle de valeurs, surtout que cette civilisation renferme des réalisations scientifiques inouïes. Elle représente pour lui la créativité et la maîtrise de la nature[9]. C'est au cours de cette phase qu'il s'acharne à défendre et à expliquer le positivisme logique qui prône la souveraineté du langage scientifique au détriment du discours métaphysique. Lequel n'est que l'ensemble d'expressions comprenant des termes qui ne se rapportent à rien du sensible, c'est-à-dire un discours vide de sens du fait qu'il ne comporte ni vérité ni fausseté[10]. Les ouvrages qui en révèlent cette orientation sont surtout *Attitude à l'égard de la métaphysique*, *La philosophie positiviste*, *Vers une philosophie scientifique*, *La logique positiviste*.

---

[7] Cf. *Ibid.*, p. 42.
[8] Cf. *Ibid.*, p. 244.
[9] Cf. Z. Maḥmûd, *Des valeurs du patrimoine*, Beyrouth-Le Caire, Dâr al-Shurûq, 1984, p. 167.
[10] Cf. Z. Maḥmûd, *Attitude à l'égard de la métaphysique*, Beyrouth-Le Caire, Dâr al-Shurûq, 1993, p. 1.

La métaphysique ne devient-elle pas, de la sorte, une discipline archaïque incapable de résister aux coups foudroyants donnés par les partisans du positivisme logique ? Se tenir aux seuls faits réels tels que nous les révèle l'observation sensible ne discrédite-t-il pas toute tentative de s'élancer dans des spéculations surnaturelles ? Le déclin de la métaphysique devient inéluctable lorsque la seule source de connaissance est les faits sensibles et le seul critère de vérité est l'adéquation de l'idée à la réalité sensible.

Le deuxième stade témoigne du retour de Z. Mahmûd au patrimoine arabe qu'il étudie dans toute son ampleur tout en dégageant les caractéristiques de l'identité arabe qui concilie l'intuition et la raison, l'esprit et la matière, les valeurs et la science[11]. Malgré l'importance du premier stade, il demeure insuffisant car il est nécessaire que chaque nation promeut ses aspects culturels qui définissent son identité[12]. C'est en particulier dans des ouvrages tels que *La rénovation de la pensée arabe*, *Le rationnel et l'irrationnel dans notre patrimoine arabe*, *Notre culture face au siècle*, que l'on trouve cette nouvelle façon de penser.

Le deuxième grand problème qui préoccupe donc la pensée de Z. Mahmûd est de voir dans quelle mesure il est possible aux Arabes de sauvegarder l'identité de leur patrimoine sans omettre les nouveaux apports de la civilisation occidentale, surtout en ce qui concerne les réalisations scientifiques et techniques. D'où l'hypothèse selon laquelle les Arabes doivent se servir des découvertes et inventions propres aux Occidentaux tout en puisant les aspects rationnels dans leur patrimoine. Ainsi les Arabes restent fidèles à leur passé, mais en intégrant aussi les nouveaux éléments introduits par l'Occident.

C'est probablement le ballotement de la pensée de Z. Mahmûd entre la valeur première qu'il accorde à la raison, y compris le progrès scientifique, et l'importance qu'il attache au côté affectif et au patrimoine, qui le conduit à reconnaître que sa pensée a connu une évolution et des contradictions apparentes[13] puisqu'il était sincère avec lui-même lorsqu'il écrivait ses articles et ses conférences[14]. Mais cela ne l'a pas empêché de suivre la même voie

---

[11] Cf. Samir Abou Zeid, *Zakî Najîb Mahmûd*, in www.Arabphilosophers.com/Arabic/aphilosophers/amodern/
[12] Cf. Z. Mahmûd, *Des valeurs du patrimoine, op. cit.*, p. 167.
[13] Cf. Z. Mahmûd, *Une nouvelle société ou c'est la catastrophe, op. cit.*, p. 23.
[14] Cf. Z. Mahmûd, *Rénovation de la pensée arabe*, Beyrouth- Le Caire, Dâr al-Shurûq, 1974, p. 15.

malgré les sinuosités qu'il y rencontre. C'est qu'il ne cesse de croire en l'individualité et en la responsabilité de chaque être humain, ainsi qu'en la priorité absolue de la raison de résoudre les problèmes posés à l'être humain[15]. Cette individualité raisonnable et responsable qui se refuse à se couler dans un même moule social. Lequel prive les individus de leur liberté de pensée et de décision.

Sans pourtant dévier de la voie qu'il dégage et trace, il reconnaît aux sentiments leur juste valeur. Car dans l'existence humaine résident des aspects rationnels et d'autres affectifs. Ainsi l'amour s'épanouit indépendamment de la raison et du calcul, et la science progresse loin de toute intervention sentimentale. Raison et sentiment appartiennent donc à deux domaines indépendants. Et chacun des domaines remplit une fonction déterminée selon l'objet concerné. Il faut être partisan de la raison au moment de la recherche scientifique, mais aussi partisan de l'affectif dans les situations qui nécessitent l'intervention des sentiments[16]. Ce qui nous rappelle le mot de Pascal selon lequel « le cœur a ses raisons que la raison ne comprend pas ». Dans ce domaine des sentiments, se trouve également impliquée la religion. Il faut donc éviter de discuter la science par la religion, et la religion par la science. L'idéal consiste à sauvegarder l'équilibre entre la science qui est raison et la religion qui est sentiment[17].

---

[15] Cf. *Ibid.*
[16] Cf. *Ibid.*, p. 136.
[17] Cf. *Ibid.*, p. 27.

Chapitre premier
Le positivisme logique et ses implications

Au moment où les Arabes ont commencé, à partir du Xe siècle, à étudier scientifiquement les phénomènes de la nature, les Européens étaient loin de toutes ces réalisations scientifiques. Mais la situation a complètement changé. Au XVe siècle, les Arabes tombaient en léthargie et ne parvenaient pas à s'en sortir facilement, tandis que les Européens ont réussi à développer leurs sciences de la nature en s'affranchissant davantage de la mentalité métaphysique.

Les courants qui défendaient, par excellence, cette tendance scientifique étaient ceux du positivisme, et en particulier le positivisme logique. Celui-ci prend d'abord en considération les idées du positivisme proposées par Auguste Comte, selon lesquelles la vision scientifique se borne aux seuls phénomènes, c'est-à-dire à ce qui peut être seulement étudié par l'observation et l'expérience, et à ce que ces phénomènes peuvent être insérés dans l'enchaînement des lois universelles. La différence qu'établit la philosophie traditionnelle entre essence ou substance et phénomène, en vertu de laquelle les phénomènes sont la manifestation d'une réalité cachée et mystérieuse, est rejetée par le positivisme. Ainsi tout problème qui touche au domaine dépassant l'expérience est taxé de psittacisme. Dans le même cadre, mais avec des nuances de méthode, le positivisme logique donne de plus une importance particulière à la structure et à l'analyse logique de la proposition pour examiner sa validité au niveau d'une science positive[18].

Tout proche de ce courant, le pragmatisme, tel qu'il fut surtout annoncé par Charles Peirce, a également laissé son impact sur la pensée de Z. Maḥmûd[19]. Les idées, incluant les termes ou les expressions, sont vraies dans la mesure où elles constituent des plans d'action pratique. L'idée qui n'indique pas une forme de conduite dans le monde réel est une idée vaine. Ainsi les problèmes philosophiques, de nature contemplative, comme ceux de savoir si l'esprit et la matière sont deux entités radicalement différentes ou bien l'une peut se ramener à une autre, ou si l'âme

---

18 Cf. Z. Maḥmûd, *Pensées et attitudes, op. cit.*, p. 33.
19 Cf. Z. Maḥmûd, *La vie de la pensée dans le Nouveau Monde*, Caire, Maktabat al-anjala al-massriyya, p. 145-166.

est immortelle, sont des problèmes insolubles par nature. C'est qu'ils ne sont pas de vrais problèmes car ils ne comportent pas des termes qui ont un sens du fait qu'ils ne tracent pas une ligne de conduite et leur solution ne saurait être soumise à des expériences réelles[20].

La méthode pragmatique cherche, de la sorte, à énoncer un critère qui permet de distinguer les questions réellement et correctement posées des questions illusoires. Elle entend ainsi délivrer la philosophie du verbalisme et de la stérilité. Toute assertion qui manque d'application ou de conséquence pratique et qui ne subit pas l'épreuve pratique demeure insensée[21]. Ainsi les querelles métaphysiques et théologiques perdent tout sens en vertu de ce critère. De plus, dans les systèmes de pensée sociopolitiques ou religieux construits sur des principes différents, la préférence accordée à l'un ou à l'autre de ces systèmes réside dans le critère d'utilité. Le système vrai c'est celui qui est le plus utile à l'homme pour sa vie. Il en est de même pour les systèmes philosophiques où le choix décisif va au système qui explique le plus grand nombre possible des phénomènes de l'existence[22].

À la différence de l'empirisme qui s'appuie sur l'observation et l'expérience sensibles, le pragmatisme, qui, lui aussi, prend appui sur le réel sensible, propose une nouvelle vision à l'égard du réel. Alors que l'empirisme s'emploie à étudier l'origine de la connaissance, c'est-à-dire à revenir en arrière ou à regarder le passé, le pragmatisme préfère regarder en avant, c'est-à-dire viser le futur. En ce sens, le pragmatisme rattache la connaissance au monde de l'expérience, non sous le rapport de l'origine de cette connaissance, mais en fonction de ses résultats. Autrement dit, il s'interroge sur les effets de l'idée dans le monde réel. C'est dire que l'idée est vraie dans la mesure où ses effets avantagent les conditions de notre vie pratique et favorisent la solution de nos problèmes[23].

Profondément influencé par ces courants, et en particulier par le positivisme logique[24], Z. Maḥmûd en adopte la méthode

---

[20] Cf. *Ibid.*, p. 149-153.
[21] Cf. Z. Maḥmûd, *Attitude à l'égard de la métaphysique, op. cit.*, p. 122.
[22] Cf. Z. Maḥmûd, *Rénovation de la pensée arabe, op. cit.*, p. 196-197.
[23] Cf. Z. Maḥmûd, *La vie de la pensée dans le Nouveau Monde, op. cit.*, p. 143.
[24] Le positivisme logique connut sa naissance à Viennes. C'est pourquoi ses premiers partisans constituent ce qui est connu sous le nom de « Cercle de Viennes ». La tradition qui s'est propagée à l'Université de Viennes consistait en

analytique, prenant parti pour la science et réfutant, par contre, la métaphysique[25]. Se rangeant sous la bannière de la philosophie scientifique, il attaque la philosophie traditionnelle et appelle les philosophes à choisir précisément les termes qui correspondent à l'exactitude des notions scientifiques et à expliciter ces notions d'une façon logique[26].

Se rallier au positivisme logique ne pourrait qu'entraîner le discrédit de la métaphysique qu'il définit comme « la recherche des choses qui ne tombent pas sous les sens, ni réellement ni éventuellement, parce que ces choses, selon leur définition, ne sauraient être saisies par un des sens »[27]. Mais Z. Mahmûd distingue deux types de métaphysique : la métaphysique théorique et la métaphysique critique. Il n'admet que le deuxième type car il est utile pour l'étude des sciences et rejette catégoriquement la métaphysique théorique car son discours est totalement stérile.

1. Critique de la métaphysique théorique

Les partisans de la métaphysique théorique cherchent à réduire le monde inorganique et organique à un principe premier et lointain. En édifiant son système métaphysique, le philosophe pose un principe quelconque sur lequel il se base pour en déduire les conséquences. Et cela en croyant que ce principe est le fruit de son intuition. Le tort de cette métaphysique réside en ce que le

---

ce que la recherche philosophique doit soutenir la philosophie empiriste et s'occuper des sciences de la nature. Cette tradition débuta avec Ernest Mach qui occupait la chaire de la philosophie des sciences entre 1895 et 1901. C'est ensuite en 1922 que Moritz Schlick, connu pour ses connaissances approfondies en philosophie et en sciences, continuait et renforçait cette tradition. C'est autour de lui que s'est formé un groupe de chercheurs bien connu qui s'est intéressé, à la fois, aux recherches philosophiques et aux études scientifiques et mathématiques, à savoir Waismann, Neurath, Feigl, Carnap, Kraft, Kaufmann, Goedel. Wittgenstein qui était toujours en contact avec eux, ne participait pas à leurs réunions ; mais il a contribué à donner un élan à ce Cercle (Cf. *Ibid.*, p. 287-289).

[25] Dans le quatrième chapitre de son ouvrage *Histoire d'une raison*, Z. Mahmûd déclare avoir souscrit au courant du positivisme logique à la suite de sa lecture du livre d'Ayer intitulé *Langage, vérité et logique* qui a laissé sur lui un impact profond (*Histoire d'une raison*, Beyrouth-Le Caire, Dâr al-Shurûq, 1953, p. 115).

[26] Durant la préparation de son doctorat à la Faculté du Roi en Angleterre, Z. Mahmûd nous révèle la grande influence qu'a exercée sur lui le penseur Ayer au cours d'une conférence qu'il a donnée dans cette Faculté sur le positivisme logique (Cf. Z. Mahmûd, *Pensées et attitudes, op. cit.*, p. 32).

[27] Z. Mahmûd, *Attitude à l'égard de la métaphysique, op. cit*, p. 110.

philosophe échafaude son système dans son esprit tout en prétendant qu'il constitue une véritable représentation du monde réel. C'est là où apparaît l'erreur qui ressemble à celle commise par la superstition qui cherche à rendre raison d'un phénomène par une cause qui ne s'y rapporte pas[28]. La critique de la métaphysique théorique ou contemplative ne consiste pas à discuter ses théories, car il n'y a pas de théorie pour être discutée. La critique cherche plutôt à analyser ses jugements pour montrer leur manque de sens[29].

1.1. *Les conditions d'un discours logique*

Tout discours prononcé pour décrire une chose peut être, selon les logiciens, soit vrai soit faux, mais aussi vide de sens. Ce qui est vrai constitue une représentation adéquate du réel. Ce qui est faux une représentation qui ne correspond pas à la réalité des choses. Mais ce qui est vide de sens n'est ni vrai ni faux car il ne représente rien du réel.

Z. Maḥmûd prend l'exemple suivant : Si on dit que la population égyptienne compte 50 millions, c'est un discours faux dû à l'inadéquation du jugement à la réalité décrite. Mais il n'est pas vide de sens. Il le sera lorsqu'on affirme, par exemple, que le nombre des Égyptiens équivaut à des quarts ellipsoïdes. Bien que chaque terme pris séparément ait un sens particulier dans son contexte, l'expression est dénuée de sens car elle ne signifie rien réellement. S'il est possible de discuter un discours faux en le confrontant avec le réel pour y évaluer son degré d'adéquation, il est impossible de le faire lorsqu'il est dépourvu de sens car il n'illustre aucune image apte à être comparée avec l'origine. C'est là où réside tout le problème de la métaphysique. Laquelle énonce un discours qui ne représente rien du réel, qui ne comporte aucun sens et par conséquent n'admet pas de discussion[30].

Le propre de tout discours qui nous informe d'un nouveau savoir sur le monde est d'avoir la possibilité d'être vérifié dans les limites de l'expérience sensible. Par contre, toute expression qui ne renferme pas cette possibilité est une expression dénuée de sens[31]. L'expression métaphysique qui se rapporte à une chose non

---

[28] Cf. *Ibid., Introduction à la 2ᵉ édition*.
[29] Cf. *Ibid.*, p. 198.
[30] Cf. *Ibid.*, p. 1-3.
[31] Cf. *Ibid.*, p. 85-87.

sensible est donc logiquement une expression qui manque de sens. Car la logique n'admet que le discours qui peut être soumis à la vérification, laquelle s'assure de sa vérité ou de sa fausseté. Lorsque le métaphysicien utilise, par exemple, le terme d'immortalité, il se sert d'un terme général et abstrait qui est inutile et coupé de la réalité sensible[32].

Le représentant, par excellence, de cette tendance métaphysique théorique ou traditionnelle est Hegel[33]. Interprétant le point de vue de ce philosophe allemand, Z. Mahmûd remarque que l'Idée qui constitue le point de départ de la philosophie hégélienne est un concept abstrait qui s'identifie à l'idée de l'existence abstraite qui ne se détermine par aucun attribut particulier, par aucun mouvement ou forme ou couleur. Il s'agit d'un concept qui s'écarte de toute existence individuelle contenant des attributs particuliers. C'est que l'Idée abstraite peut être envisagée soit comme une entité renfermant toutes choses, soit comme étant le vide ou le néant. Lorsque Hegel abstrait jusqu'au bout les qualités des existences particulières pour atteindre l'existence abstraite ou pure, cette existence s'identifie en fait au néant[34]. Ce type de métaphysique est le propre de la philosophie classique qui s'enfonce dans sa contemplation sans égard pour l'observation et l'expérience. Lesquelles constituent les conditions essentielles de toute activité scientifique.

Pour avoir un sens, l'expression doit être ramenée à une proposition première. Laquelle désigne un ou des individus particuliers ainsi qu'un état déterminé qui se situent dans le monde de l'expérience sensible. Tout terme qui ne se rapporte pas à des êtres singuliers du monde sensible est un terme qui ne comporte aucune signification. Ainsi tout signifiant doit renvoyer à un signifié bien déterminé, sinon il se transforme en un jeu de mots[35]. C'est que les vérités du monde réel se présentent sous forme d'individus ou d'êtres corporels bien définis qui renferment chacun des attributs particuliers et des rapports avec d'autres individus. Chaque chose qui a sa propre forme, sa structure et sa place dans

---

[32] Cf. Z. Mahmûd, *Rénovation de la pensée arabe*, op. cit., p. 222.
[33] Cf. Z. Mahmûd, *Attitude à l'égard de la métaphysique*, Introduction à la 2e édition.
[34] Cf. Z. Mahmûd, *Rénovation de la pensée arabe*, op. cit., p. 65.
[35] Cf. Z. Mahmûd, *Attitude à l'égard de la métaphysique*, op. cit., p. 101.

le monde, se différencie des autres choses[36]. Bien que les sciences utilisent l'abstraction, elles restent fondées sur le réel sensible.

D'où la différence entre une expression qui décrit une chose réelle et une autre qui parle d'une chose fictive. Bien que les deux expressions soient compréhensibles, telles que « j'ai rencontré un homme » et « j'ai rencontré un ogre », il n'en reste pas moins que la première expression se rapporte à des individus particuliers qu'on peut percevoir dans le monde sensible et demeure apte à être réellement vérifiée. Tandis que la seconde qui est dépourvue de toute représentation de la réalité sensible ne saurait être soumise à la vérification[37].

L'expression logique, qui peut être vraie ou fausse, s'énonce sous deux formes. Elle est soit analytique soit synthétique[38]. Le jugement analytique dont le prédicat ne fait que développer la compréhension du sujet, n'ajoute rien de nouveau au concept du sujet. Il ne fait qu'analyser le sujet en ses éléments. Puisqu'il se borne à exprimer l'accord de la pensée avec elle-même, ce type de jugement est certain. Ainsi si on dit que l'angle droit est de 90°, on n'ajoute rien à sa définition. La vérité du jugement analytique consiste dans l'adéquation de l'analyse à la signification des termes. Si les propositions mathématiques sont certaines c'est qu'elles sont analytiques et par conséquent tautologiques[39]. De son côté, le jugement synthétique est celui dans lequel le prédicat ajoute quelque chose à la compréhension du sujet. Le critère de sa vérité ou de sa fausseté est sa correspondance ou non avec la réalité physique, moyennant l'expérience sensible[40].

En revanche, l'expression métaphysique n'est ni analytique ni synthétique. Lorsque le métaphysicien utilise, par exemple, le terme d'Absolu, qu'est-ce qu'il veut dire au juste ? S'il veut le définir, il le fait à sa manière en utilisant des termes à sa guise. Et s'il veut lui

---

[36] Cf. Z. Mahmûd, *Rénovation de la pensée arabe*, op. cit., p. 63.
[37] Cf. Z. Mahmûd, *Attitude à l'égard de la métaphysique*, op. cit., p. 166.
[38] Cf. *Ibid.*, p. 78.
[39] Cf. *Ibid.*, p. 79.
[40] Remarquons que cette distinction établie par Z. Mahmûd était déjà mise en valeur par Kant, dans son introduction à la *Critique de la raison pure*, qui souligne que toute connaissance se ramène à deux sortes de jugement, à savoir le jugement analytique et le jugement synthétique. Dans le premier, « le prédicat B appartient au sujet A comme quelque chose qui est contenu (implicitement) dans ce concept A » ; et dans le deuxième « B est entièrement en dehors du concept A, quoi qu'il soit, à la vérité, en connexion avec lui » (Kant, *Critique de la raison pure*, trad. par Tremesaygues et Pacaud, Paris, PUF, 2004, p. 37).

attribuer un nouveau prédicat, il est censé se référer à l'expérience sensible pour s'assurer de son jugement. Or le métaphysicien ne part pas de l'expérience sensible et n'y revient pas à chaque fois pour vérifier ses jugements. L'Absolu ne saurait être saisi, de la sorte, par un des sens, car s'il en était ainsi il serait limité dans un espace et un temps et il cesserait d'être absolu[41].

Le métaphysicien n'utilise donc pas comme le mathématicien des jugements analytiques, sinon ses expressions seraient tautologiques et évidentes comme celles des mathématiques. Or le métaphysicien ne prétend pas analyser un terme en ses éléments équivalents, mais cherche à décrire des êtres dont l'existence est supposée être dotée des attributs particuliers. Il nous parle des choses, mais refuse de nous indiquer où les trouver dans la réalité pour s'assurer de leur vérité ou de leur fausseté. Son attitude est bizarre. Il n'est pas prêt à vérifier ses jugements dans l'expérience sensible comme le font les savants, ni convaincu que ses expressions sont tautologiques comme dans le cas des mathématiques. Il ne se sert donc ni des jugements synthétiques à l'instar des hommes de science ni des jugements analytiques comme les mathématiciens.

Si, à la manière du métaphysicien, le mathématicien procède en édifiant sa géométrie sur des principes et des postulats à partir desquels il déduit les conséquences nécessaires, il n'en reste pas moins que le géomètre ne se targue pas que son système représente le monde extérieur. Le critère de la validité d'un système géométrique consiste dans la cohérence intérieure du raisonnement, et non dans son adéquation extérieure au monde physique.

D'ailleurs, si la science étudie les causes prochaines du phénomène, la métaphysique ne s'en contente pas ; elle prétend en chercher le principe premier. Et c'est là où le métaphysicien bute contre des problèmes contradictoires et insolubles.

En termes plus clairs, le système de pensée construit soit par le métaphysicien soit par le mathématicien est jugé comme valide en fonction des résultats déduits logiquement des principes généraux ou des postulats. Ce qui veut dire que dans les deux cas, le système est valide en vertu de sa cohérence intérieure et non relativement à sa correspondance avec la réalité physique. Car ce système ne trouve pas son origine dans le monde réel et il est loin de le

---

[41] Cf. Z. Mahmûd, *Attitude à l'égard de la métaphysique*, op. cit., p. 80.

décrire. Ainsi tout philosophe échafaude son système métaphysique à partir d'un principe qu'il se représente lui-même. Ce qui signifie que les systèmes philosophiques varient en raison des principes propres à chaque philosophe. Mais à la différence du mathématicien, le métaphysicien ne se borne pas à élaborer un enchaînement cohérent des propositions. Il prétend que son système est une véritable représentation de la réalité physique. C'est là où il a tort[42].

Ce qui n'est pas certainement le cas de la religion du fait que « le système religieux est fondé sur une révélation, et personne n'a le droit d'édifier une religion sur une chose qui lui soit propre, à moins que cette personne n'appartienne à cette religion »[43]. Ainsi le porteur du message religieux ne présente pas son idée comme étant le fruit d'une intuition personnelle, mais en tant qu'elle est un message transmis par Dieu. Si l'on admet un tel message, ce n'est pas en raison de la validité rationnelle et logique de l'idée et des résultats qui en découlent. C'est plutôt une question de foi qui fait que l'individu croit à celui qui porte ce message[44]. Disons donc que les systèmes philosophiques varient avec chaque philosophe qui pose un principe différent de l'autre pour en dégager les résultats. Tandis que le système religieux demeure unique en vertu de l'unicité du révélateur et du révélé[45].

Le point de départ nécessaire de toute opération intellectuelle est soit les faits de la réalité, soit les présupposés. Dans le premier cas, c'est l'œuvre de la science où la pensée prend comme point d'appui les réalités du monde physique. Dans le deuxième, ce sont des possibles que se représente le mathématicien pour tirer des conclusions, tels les évidences ou les postulats. Qu'ils soient des réalités ou des présupposés, ils constituent ce qu'on appelle des principes qui sont des points à partir desquels on commence à penser[46].

Dans cet ordre de pensées, il n'est pas superflu d'attirer l'attention, sur la valeur qu'accorde Z. Maḥmûd à la pensée de Hume qu'il considère comme le père du mouvement philosophique contemporain qu'est le positivisme logique ou ce

---

[42] Cf. Z. Maḥmûd, *Des valeurs du patrimoine*, op. cit., p. 119-121.
[43] *Ibid.*, p. 120.
[44] Cf. Z. Maḥmûd, *Attitude à l'égard de la métaphysique*, op. cit., Introduction à la 2ᵉ édition.
[45] Cf. Z. Maḥmûd, *Des valeurs du patrimoine*, op.cit., p. 120-122.
[46] Cf. Z. Maḥmûd, *Rénovation de la pensée arabe*, op. cit., p. 192.

qu'on appelle aussi l'empirisme scientifique. En fait, Hume a nettement distingué deux types de connaissance : le premier s'élabore dans l'esprit du penseur indépendamment de son rapport avec la réalité physique. Une connaissance qui établit des rapports logiques entre les idées en partant ainsi d'une idée déterminée pour en dégager nécessairement une conclusion. Les sciences mathématiques illustrent par excellence ce type de connaissance. Tandis que le deuxième est celui qui prend son point de départ dans les données du réel. Une connaissance qui s'appuie sur les impressions fournies par les sens en vue de décrire les faits et les évènements. Car la pensée pure, qui ne recourt pas à l'expérience sensible, est incapable de nous renseigner sur le réel ou d'en tirer des lois. C'est uniquement l'observation sensible des phénomènes répétés qui est en mesure d'en dégager le rapport. L'expérience sensible est, de la sorte, la seule source de connaissance du monde extérieur. Les sciences de la nature entrent dans ce type de connaissance[47].

Il s'ensuit que toute connaissance proprement dite, c'est-à-dire la connaissance apte à être échangée objectivement entre les individus, est limitée à ces deux types de connaissance. Tout autre discours qui exprime la subjectivité de son auteur, comme le cas de la poésie par exemple, n'est pas admis comme une connaissance objective susceptible d'être débattue, mais comme un état émotif non discutable. Le discours métaphysique est à rejeter lui aussi du champ de la véritable connaissance du fait que celui qui le prononce ne le considère pas comme une simple analyse intellectuelle abstraite détachée de la réalité ni comme étant basée sur nos expériences sensibles[48].

Si la philosophie de Hume constitue le fondement sur lequel repose le positivisme logique, cela ne dissimule pas la différence de voie parcourue par chaque courant. Alors que Hume « analyse la pensée humaine d'une façon 'psychique', le positivisme logique l'analyse d'une manière 'logique' »[49]. Ainsi Hume analyse les éléments premiers qui constituent le contenu de la pensée, à savoir les impressions sensorielles premières que reçoivent nos sens externes et internes. C'est lorsque ces impressions ne sont plus présentes, qu'elles produisent en nous des images ou des idées qui

---

[47] Cf. Z. Maḥmûd, *David Hume*, Égypte, Dâr al-ma'âref, 1958, p. 9-10.
[48] Cf. *Ibid.*, p. 11.
[49] *Ibid.*, p. 12.

remplissent l'esprit, lequel était entièrement vide de toute idée. Ce qui fait que l'idée vraie est celle qui renvoie à nos impressions immédiates qui constituent le moyen par lequel l'expérience forme l'idée. Comme si Hume analysait la pensée humaine à l'instar d'un psychologue. Tandis que les positivistes logiques qui s'en inspirent certainement ne mettent pas en valeur le côté psychique. Ils se contentent d'analyser le discours lui-même, autrement dit les propositions premières qui le constituent pour juger de leur caractère vrai ou faux en fonction de leur adéquation ou non avec la réalité sensible[50].

1.2. La métaphysique, un discours stérile et vide de sens

À l'instar du poète, le philosophe classique ou contemplatif prononce un discours dont le critère de vérité est ce que ressent le sujet parlant et non ce qui se produit réellement dans la nature extérieure. Si le philosophe contemplatif dégage la vérité de son discours du fin fond de son être, le savant s'écarte de sa subjectivité pour observer et expérimenter les phénomènes de la nature extérieure et en tirer les lois.

Selon Auguste Comte, l'esprit humain demeure, dans les deux premiers états, à savoir théologique et métaphysique, incapable de poser des problèmes scientifiques. Car il s'intéresse aux mystérieuses recherches des causes premières et finales des phénomènes, ainsi que de la nature intime des êtres[51]. Alors que la méthode scientifique est inductive du fait qu'elle aboutit à formuler une loi après avoir examiné les faits, la méthode philosophique est représentative. Par elle, le philosophe représente le monde et le juge en fonction de la subjectivité humaine[52]. C'est à l'état positif que l'esprit humain parvient à balayer les explications vagues et arbitraires propres aux états théologique et métaphysique pour y substituer des explications basées sur l'observation précise et objective des phénomènes et des lois physiques[53].

Si ce type de philosophie a raté son but, cela revient au fait que les termes et les expressions dont se sert le métaphysicien diffèrent de la manière sur laquelle s'accordent les gens pour utiliser ces

---

[50] *Ibid.*
[51] Cf. A. Comte, *Discours sur l'esprit positif*, Tunis, Cérès, 1994, p. 10 et 16.
[52] Cf. Z. Maḥmûd, *Vers une philosophie scientifique*, Caire, Maktabat al-anjala al-maṣriyya, 1980, p. 2-3.
[53] Cf. A. Comte, *Discours sur l'esprit positif, op. cit.*, p. 20-21.

symboles linguistiques. C'est que les termes et les expressions du langage sont des signes conventionnels utilisés dans leur vie quotidienne. Or le discours métaphysique englobe soit « un mot ou des mots auxquels les gens refusent d'avoir un sens parmi les choses sensibles, soit un mot ou des mots dont les significations permettent aux gens de s'y mettre d'accord, mais qui ne sont pas placés dans le contexte qui leur attribue un sens. Donc les expressions métaphysiques sont dépourvues de sens. Ce qui nécessite leur élimination »[54] et la mise en valeur des sciences naturelles et mathématiques.

C'est cette thèse que Z. Maḥmûd défend tout au long de son ouvrage où il attaque la métaphysique dans son sens traditionnel, c'est-à-dire la métaphysique qui s'occupe de « la recherche des choses qui échappent aux sens, comme 'l'Absolu', la 'Substance', et 'la chose en soi', etc. »[55]. S'il faut bannir la métaphysique de la sphère des connaissances, c'est qu'elle ne dispose pas d'instruments appropriés à l'observation. Seuls ces derniers sont susceptibles de porter des jugements sur les choses. La métaphysique demeure, de la sorte, une connaissance stérile du fait qu'elle spécule sur des principes premiers et *a priori* indépendamment de toute référence à l'expérience sensible.

Il cite des exemples à l'appui. L'affirmation du métaphysicien qui définit l'âme comme étant un élément simple ne saurait être comparée à celle du savant qui définit l'or comme un élément simple[56]. C'est que le jugement du savant est énoncé à la suite d'une observation minutieuse, moyennant des appareils sophistiqués qui, après de longues expériences, permettent au savant de constater que l'or est irréductible à d'autres éléments plus simples. Ce qui n'est certainement pas le cas du métaphysicien qui ne dispose d'aucun instrument mécanique et qui n'a pas en vue l'âme elle-même sur laquelle il émet le jugement.

Pour évaluer la validité d'un jugement, il est d'abord nécessaire de soumettre la chose, objet du jugement, à l'expérience. Si on ne la trouve pas parmi le monde des choses, qui est composé du particulier, le jugement perd son sens. Le métaphysicien ne fait donc que prononcer un mot supposant qu'il est le signe d'une certaine chose. Ainsi le jugement « l'âme est un élément simple »

---

[54] Z. Maḥmûd, *Attitude à l'égard de la métaphysique, op. cit.*, p. 5.
[55] *Ibid.*, p. 16.
[56] Cf. *Ibid.*, p. 5.

n'est qu'une expression dénuée de sens car elle se sert d'un signe qui ne se rapporte à aucune chose signifiée dans le monde des choses. Car tout discours compréhensible est celui qui peut être vérifié soit par sa vérité soit par sa fausseté[57]. Ce qui veut dire que les problèmes métaphysiques naissent de l'utilisation défectueuse des signifiants qui ne désignent pas des signifiés dans le monde réel. Tout débat dans ce domaine est inutile, car le discours métaphysique demeure un discours vide de sens. D'où la nécessité de s'en passer et de porter son attention sur les sciences naturelles et mathématiques. Car juger de la vérité du raisonnement mathématique consiste à s'assurer de la cohérence de la déduction ; et en sciences naturelles, il importe de vérifier les hypothèses par voie d'observation et d'expérience[58].

Parmi les concepts vides de sens dont se sert aussi le métaphysicien s'impose celui de l'Absolu. Z. Mahmûd analyse et critique le jugement d'un métaphysicien anglais contemporain qui s'appelle Bradley dont l'ouvrage principal est *Apparence et réalité*. Ce dernier souligne que l'Absolu entre dans l'évolution et le progrès du monde, sans pourtant subir ni évolution ni progrès[59]. Toutefois une telle affirmation est-elle pareille à celle qu'un biologiste énonce lorsqu'il attribue l'évolution des espèces animales à des changements de l'environnement ? Il le dit en s'appuyant sur des observations et des expériences. Et il revient à n'importe quel autre biologiste de confirmer ou d'infirmer son jugement à la lumière d'autres observations. Or l'Absolu dont parle Bradley ne saurait être délimité dans un espace et un temps déterminés, sinon il cesserait d'être un Absolu. Mais comment peut-il être connu par le métaphysicien tant que les choses sont uniquement compréhensibles dans un espace et un temps et saisies par les sens ? Un tel terme demeure dénué de sens, car on ne trouve pas dans le monde des choses ce qui peut le confirmer ou l'infirmer[60].

1.3. Le discours boiteux de la métaphysique

Pour illustrer son idée, Z. Mahmûd distingue deux sortes de discours : un discours prononcé pour décrire le monde des choses ainsi que les phénomènes et les évènements qui y sont inscrits ; et

---

[57] Cf. *Ibid.*, p. 6-7.
[58] Cf. *Ibid.*, p. 26.
[59] Cf. *Ibid.*, p. 12.
[60] Cf. *Ibid.*, p. 12-14.

un autre prononcé par le sujet parlant pour décrire ses états d'âme[61]. Le discours peut donc être utilisé seulement de deux manières : soit comme un instrument pour dépeindre ce qui est dans le monde extérieur, et c'est le propre du langage scientifique ; soit comme instrument pour exprimer la profondeur des états d'âme, et c'est la caractéristique du langage artistique[62].

De quelle sorte de discours le métaphysicien se sert-il ? Cherche-t-il à décrire ce qui est extérieur à lui ou ce qu'il ressent intérieurement ? Le premier cas est certainement exclu, car le métaphysicien parle des choses qui ne tombent pas sous les sens. Ainsi il traite du néant, de l'Absolu, du Bien et du Beau. Concepts qui ne s'appliquent en rien au monde des choses. Le métaphysicien nous parle, de la sorte, de ce qui ne fait pas partie de la nature. Mais est-ce que son discours porte sur son intériorité, c'est-à-dire sur ses sentiments et ses états d'âme ? Dans ce cas, il ne peut pas prétendre à la véracité de son discours. Car le vrai ne saurait être le propre d'une expression subjective, mais l'adéquation du discours à ce qu'il décrit comme extérieur. Le problème réside en ce que le métaphysicien refuse que son discours soit l'expression de son intériorité[63]. Il veut nous convaincre que ce discours est une représentation du monde extérieur tout en admettant qu'il ne s'appuie pas sur l'expérience sensible, mais sur une démarche rationnelle. Ce qui fait que le philosophe contemplatif vacille entre l'extérieur et l'intérieur[64].

Tout discours qui dépasse donc ce que nous révèle l'expérience sensible est loin d'avoir un sens. Car le langage qui se rapporte à des choses suprasensibles ne nous dupe pas seulement par sa forme grammaticale et linguistique, mais échoue aussi à signifier quelque chose. D'où la distinction qu'établit Z. Mahmûd entre la phrase scientifique et la phrase métaphysique. Alors que la première porte un sens en vertu de la possibilité d'être vérifiée par des expériences, la seconde est totalement stérile. Autrement dit, si le jugement logique peut être évalué en fonction de sa vérité ou de sa fausseté, le jugement énoncé par le métaphysicien demeure dépourvu de sens en raison de son inadéquation à la réalité

---

[61] Cf. Ibrahim Talba Salkaha, *L'attitude de Zakî Najîb Mahmûd envers la métaphysique*, in almothaqaf.com/index.php/idea.
[62] Cf. Z. Mahmûd, *D'un point de vue philosophique*, Beyrouth-Le Caire, Dâr al-Shurûq, 1982, p. 112-114.
[63] Cf. Z. Mahmûd, *Attitude à l'égard de la métaphysique*, op. cit., p. 85.
[64] Cf. Z. Mahmûd, *D'un point de vue philosophique*, op. cit., p. 114-115.

physique qui seule peut juger de sa vérité ou de sa fausseté. Le langage qu'emploie le métaphysicien est obscur. Non seulement il s'applique à des problèmes dont la solution est impossible, comme par exemple celui de savoir si l'âme est immortelle ou celui qui stipule que derrière ce monde réside un autre monde intelligible, mais c'est un langage qui manque de sens.

Les problèmes métaphysiques ne font donc que poser des faux problèmes. Car ils constituent des interrogations dont il est logiquement impossible de trouver une réponse. En fait, la condition de toute question est qu'elle implique une réponse possible[65]. Mais poser une question et supposer que la réponse est impossible, c'est poser un faux problème. En d'autres termes, les problèmes que l'on considère comme insolubles ne sont pas de vrais problèmes pour la simple raison que l'on pose ces problèmes sous forme de questions qui exigent une solution. Et si l'on n'y trouve pas une réponse, on les considère comme des problèmes difficiles, car l'homme est incapable de les résoudre. Or ce qui complique les choses, c'est la confusion dans l'utilisation des termes. Confusion qui nous leurre sur la nature du problème posé en le comparant à celui que se posent les savants[66].

Un autre obstacle contre lequel bute le métaphysicien est sa prétention d'avoir saisi la vérité qui échappe aux sens et qui transcende la nature sensible. S'il nous parle des choses et des êtres qui se soustraient au monde de la nature sensible, d'où le métaphysicien tire-t-il ses prémisses tant qu'il ne s'appuie par sur l'enseignement de ses sens et du monde sensible ? S'il ne se base pas sur les données sensorielles, ses propositions seront arbitraires. Et s'il en fait son point de départ, comment se fait-il qu'« il dégage des prémisses sensibles des résultats concernant une autre vérité extérieure au domaine des sens ? Si l'on commence par des prémisses expérimentales, et qu'on se limite à ce qu'elles nous informent, il est impossible de conclure à l'existence d'une 'chose' ou d'un 'attribut' qui sort du champ de l'expérience »[67].

Le paradoxe de l'expression métaphysique, c'est d'être une proposition non expérimentale mais qui revêt un contenu existentiel. Elle est une quasi proposition. C'est que les réalités qu'elle décrit échappent à la démonstration logique et à la méthode

---

[65] Cf. Z. Mahmûd, *Attitude à l'égard de la métaphysique, op. cit.*, p. 9.
[66] Cf. Z. Mahmûd, *La vie de la pensée dans le Nouveau Monde, op. cit.*, p. 286.
[67] Z. Mahmûd, *Attitude à l'égard de la métaphysique, op. cit.*, p. 82.

expérimentale. Lesquelles constituent seules le critère de toute véracité[68].

Si les termes métaphysiques sont des signes vides de tout sens et ne désignent rien du réel, comment la métaphysique a-t-elle pu garder longtemps ce prestige illusoire ? « La métaphysique s'est formée d'une erreur fondamentale. Celle de croire que tant qu'il y a un terme dans le langage, il faut qu'il désigne une signification. L'utilisation fréquente du mot et sa présence dans les dictionnaires augmentent la croyance qu'il est impensable que ce mot soit un simple numéro ou une simple voix sans signifié »[69]. Ainsi les problèmes métaphysiques naissent d'un mot et de la croyance que ce mot peut avoir un sens. Et si ce mot se dérobe à l'expérience sensible, on présuppose son existence dans un autre monde non sensible. Puisqu'il y a donc des noms, le métaphysicien présuppose que ces noms doivent renvoyer à des choses qu'ils représentent. Autrement dit, il présuppose que ces choses existent, car elles sont désignées par des noms, même si elles ne tombent pas dans les limites du sensible[70].

Z. Mahmûd prend l'exemple suivant. L'orange est jaune et l'orange est. Le métaphysicien considère que puisqu'il est possible d'abstraire la couleur jaune de l'orange, il en est de même pour l'existence même de cette orange. Or l'analyse de ces deux jugements, qui paraissent semblables au niveau syntaxique, diffèrent radicalement au plan logique. Dans le premier cas, la couleur jaune est un attribut qui décrit le sujet. Tandis que dans le deuxième cas, l'existence n'est pas un prédicat du fait qu'on peut montrer l'orange du doigt sans employer le terme d'existence. Lequel terme n'ajoute pas un sens nouveau ou un nouvel attribut à cette orange. Il suffit de nommer telle chose une orange pour reconnaître qu'elle existe. Toujours dans cette même logique, le métaphysicien tombe dans une erreur pareille lorsqu'il suppose qu'il doit exister, derrière ces qualités attribuées à l'orange, un élément sous-jacent et dissimulé aux apparences qu'il appelle substance ou essence[71]. Comme s'il y avait derrière les sens et les phénomènes une entité cachée qui accorde l'unité à la diversité des phénomènes. C'est la même chose que de considérer qu'il y a au

---

68 Cf. *Ibid.*, p. 97.
69 *Ibid.*, p. 105.
70 Cf. *Ibid.*, p. 178.
71 *Ibid.*, p. 106-108.

fond de l'homme un esprit qui constitue son unité depuis son enfance jusqu'à sa mort, malgré la diversité de ses états et des étapes par lesquelles il passe[72].

Mais les choses sont vues autrement lorsqu'on les aborde sous l'angle du changement et du devenir. Là on évite de les interpréter en fonction de la substance. La vérité d'une chose serait l'ensemble des phénomènes enchevêtrés qui la constituent, à telle enseigne qu'il n'est plus possible d'envisager un individu isolément des autres, comme s'il était une essence ayant sa raison d'être en elle-même. L'existence corporelle et personnelle est une interaction avec d'autres choses ou d'autres personnes. Ce qui remet en question le concept d'individualité qui présuppose l'existence de l'immuable derrière le changeant[73].

Si les hommes de science critiquent la philosophie spéculative, c'est qu'elle traite des problèmes qui s'écartent de l'expérience sensible, tels que le problème de l'existence de Dieu ou celui de l'immortalité de l'âme. Loin de se référer à l'expérience, cette philosophie prend comme point d'appui les théories antérieures des grands philosophes et traite des mêmes problèmes soulevés par les philosophes de l'antiquité grecque. Donc, à l'encontre de la science, la philosophie ne connaît pas de progrès[74].

2. La métaphysique « critique »

Alors que la philosophie traditionnelle est essentiellement contemplative, la philosophie contemporaine est plutôt analytique. Si la première prétend révéler la vérité du cosmos en tant que tout, la seconde renonce à cette prétention du fait que les vérités du monde peuvent être uniquement découvertes par la science qui les dégage par expérience et induction. Le philosophe qui adopte la méthode analytique ne fait qu'expliciter le sens des propositions énoncées par le savant[75]. C'est pourquoi Z. Mahmûd n'admet qu'un seul type de métaphysique qui est la métaphysique analytique. Laquelle s'intéresse aux sciences et à leurs résultats en vue d'évaluer leur degré de certitude.

---

[72] Cf. Z. Mahmûd, *De notre vie intellectuelle*, Beyrouth-Le Caire, Dâr al-Shurûq, 1989, p. 77-78.
[73] Cf. *Ibid.*, p. 120.
[74] Cf. Z. Mahmûd, *Attitude à l'égard de la métaphysique, op. cit.*, p. 15.
[75] Cf. *Ibid.*, p. 141.

2.1. La légitimité de la métaphysique analytique

Les représentants de la métaphysique analytique s'occupent moins des choses que des idées. Ils s'interrogent sur l'origine logique, et non historique, des idées scientifiques. D'où vient la connaissance ? Quelles en sont les sources principales ? Comment se sont formées les sciences mathématiques et les sciences de la nature ? Autrement dit, comment la raison humaine est-elle parvenue à créer ces sciences[76] ? À cette question d'origine se rattache une question de structure. Comment la connaissance est-elle constituée ? Y a-t-il des lois, des principes qui déterminent son fonctionnement ? La métaphysique critique soulève également une question de valeur. Quelle est la valeur de la connaissance ? Nous fait-elle accéder à l'être tel qu'il est en soi ou seulement tel qu'il se manifeste dans sa relation au sujet pensant ?

Ces interrogations qui se rapportent à la théorie de la connaissance sont étroitement liées à l'épistémologie. Discipline qui cherche à déterminer la valeur du savoir scientifique en général et la possibilité de ce savoir de nous faire connaître le réel. L'épistémologie, en tant que réflexion sur la science, s'interroge donc sur l'origine de la science, sa valeur, son rapport avec la réalité, sur le rapport du sujet et de l'objet dans le cheminement vers la vérité, sur le rôle du sujet dans la connaissance.

C'est la philosophie critique de Kant qui représente, selon Z. Maḥmûd, la tendance de cette nouvelle métaphysique. Laquelle consiste à analyser les jugements scientifiques d'une manière logique pour en déterminer la légitimité. Il s'agit d'évaluer la cohérence des éléments qui les composent ainsi que leur structure de façon à les comparer avec les données du monde réel, de sorte qu'ils puissent être possiblement vérifiés.

La métaphysique revêt, chez Kant, deux sens. Dans le premier sens, elle est une tentative vaine car la raison théorique scientifique se trouve dans l'impossibilité d'effectuer des recherches qui dépassent le cadre de l'expérience sensible. Dans le second sens, prise comme analyse des jugements scientifiques en vue de les fonder sur des catégories premières, la métaphysique serait possible et légitime[77].

---

[76] Cf. *Ibid.*, *Introduction à la 2ᵉ édition*.
[77] Cf. *Ibid.*, p. 51.

2.2. Philosophie critique et philosophie dogmatique

C'est là où se dessine la différence essentielle entre la philosophie critique et la philosophie dogmatique. Alors que cette dernière présuppose certains principes que le philosophe considère comme évidents et à partir desquels il formule des jugements sur l'univers, le philosophe critique ne suppose rien de chez lui, mais s'appuie sur les jugements élaborés à propos des choses pour les analyser et les ramener aux principes dont ils découlent.

En termes plus clairs, la philosophie dogmatique se trouve devant une alternative embarrassante. Ou bien elle impose arbitrairement ses hypothèses comme étant des principes fondamentaux et absolus, lesquels par nature se soustraient à l'argumentation, bien que ces principes puissent être relatifs et nécessitent le recours à d'autres plus universels et absolus. Ou bien elle s'efforce d'établir l'argument sur ce qui est considéré comme principe absolu, oubliant que le fait d'argumenter sur un principe pareil le dépouille de sa légitimité, car prouver une chose c'est la ramener à un principe premier. Ainsi le philosophe dogmatique pose Dieu comme principe absolu et premier de réflexion, puis il cherche à en établir la preuve. Or pour prouver, cela suppose de revenir à un autre principe qui lui soit logiquement antécédent ; ce qui est contradictoire.

En revanche, la philosophie critique ne s'emploie pas à prouver les principes premiers et absolus, mais se contente de les chercher et les découvrir. Principes sur lesquels se basent les hommes pour les utiliser dans leur argumentation. Dire, par exemple, que j'ai trouvé la balle que j'avais perdue hier présuppose que cette balle est toujours la même, ce qui présume le principe d'identité ; ou que la chute de la tuile sur la tête d'une personne a causé sa mort, cela nécessite l'admission du principe de causalité. Ce qui veut dire que la philosophie critique trouve son point de départ dans les faits réels, c'est-à-dire dans les jugements énoncés quotidiennement par les hommes pour en dégager, après analyse, les principes qui y sont sous-jacents[78].

Z. Mahmûd compare le philosophe analytique à un ophtalmologiste qui ajuste la vision déformée pour permettre à l'œil de se concentrer correctement sur la chose visible. Il ne prétend pas créer un nouveau visible qui préexiste à l'œil, mais

---

[78] Cf. *Ibid.*, p. 59-63.

rend la vision plus claire. C'est ce en quoi consiste la tâche du philosophe analytique qui nous fournit la possibilité de comprendre l'expression à analyser d'une façon plus claire et exhaustive[79].

2.3. La philosophie est essentiellement analyse

La philosophie ne saurait disposer des jugements qui lui sont propres. Seule la science est formée d'un ensemble de jugements ou de lois. C'est aux sciences qu'il revient uniquement de dégager, grâce à leurs méthodes, les vérités relatives à l'univers et à l'homme. La philosophie ne peut que suivre la marche de la science en cherchant à analyser logiquement ces jugements pour en révéler les lacunes et inciter les savants à en refaire une révision. Z. Mahmûd prend donc parti pour la science contre la philosophie. Raison pour laquelle il substitue la métaphysique critique à la métaphysique théorique[80].

Il n'est pas demandé au philosophe d'ajouter quelque chose de nouveau, mais de se limiter à analyser et à clarifier les jugements scientifiques[81]. L'objet de la philosophie réside dans l'explicitation des idées d'une façon logique. Il n'incombe pas au philosophe d'énoncer un jugement sur les choses, du fait que ce jugement demeure le propre du savant. C'est pourquoi la philosophie n'a pas, comme les sciences, un objet propre. « C'est une méthode sans objet »[82] ; elle doit se contenter de prendre les jugements énoncés par les savants ou les expressions utilisées dans la vie quotidienne en vue de les analyser et évaluer leur degré de vérité ou de fausseté.

Le rôle de la philosophie consiste également à analyser les principes scientifiques de sorte qu'elle en dégage le sens et le contenu. C'est pourquoi elle change en fonction du changement que subit la science d'une époque à une autre. Ainsi la science prédominante au temps des Grecs était les mathématiques dont la certitude est le critère de la vérité. La philosophie s'est alors employée à dégager l'origine de cette certitude dans des principes rationnels indépendants du monde sensible. Pendant la

---

[79] Cf. *Ibid.*, p. 148.
[80] Cf. Ibrahim Talba Salkaha, *L'attitude de Zakî Najîb Mahmûd envers la métaphysique*, in almothaqaf.com/index.php/idea.
[81] Cf. Z. Mahmûd, *Vers une philosophie scientifique, op. cit.*, p. 16.
[82] Z. Mahmûd, *Attitude à l'égard de la métaphysique, op. cit.*, p. 17.

Renaissance européenne prévalaient les sciences de la nature. Ce n'est plus la raison qui est la seule source de la vérité, mais aussi et surtout l'enseignement fourni par les sens. Les phénomènes de la nature deviennent l'objet de l'investigation scientifique[83].

Remarquons que le grand changement qu'a connu la vision philosophique dans les temps modernes revient à des découvertes scientifiques récentes, surtout à la théorie évolutionniste. La réflexion philosophique se consacre à la recherche du principe du devenir après avoir déployé de grands efforts à trouver un élément constant. C'est que les philosophes, dans leur majorité, s'attelaient depuis des siècles à chercher l'élément stable et permanent derrière la diversité et le changement perçus dans la nature. Car ils croyaient qu'au-delà des variations observées réside un principe unique et immuable. Mais avec l'apparition de la thèse de l'évolution, le changement cesse d'être quelque chose de superficiel ou d'éphémère pour devenir l'élément constitutif des choses. La philosophie ne saurait plus négliger les nouvelles découvertes scientifiques sur lesquelles elle se base pour élaborer sa théorie[84]. Peut-on nier que la philosophie de Bergson, à titre d'exemple, fut influencée par les nouveaux apports de la théorie évolutionniste malgré son approche originale qu'il a explicitée à ce sujet en particulier dans son ouvrage *L'évolution créatrice* ?

La philosophie analytique trouve, selon Z. Mahmûd, son origine lointaine dans la philosophie grecque, et en particulier avec Socrate qui s'est employé à analyser des termes couramment utilisés surtout dans le domaine moral et à définir précisément leur sens. Le souci de Socrate est de parvenir à élaborer une science exacte dans ce domaine en cherchant à créer une méthode rationnelle susceptible de nous faire accéder à des vérités morales. Il a compris que la philosophie n'est pas un ensemble de jugements destinés à décrire quelque chose, mais c'est un acte d'analyse qui consiste à examiner avec précision ce qu'énoncent les gens dans leur vie quotidienne. C'est pourquoi Socrate peut être considéré, d'après Z. Mahmûd, comme le modèle parfait de la philosophie[85].

De même, les empiristes anglais, tels que Locke, Berkeley et Hume, envisagent la philosophie comme étant une opération et

---

[83] Cf. Z. Mahmûd, *La vie de la pensée dans le Nouveau Monde*, op. cit., p. 17-18.
[84] Cf. *Ibid.*, p. 137-138.
[85] Cf. Z. Mahmûd, *Attitude à l'égard de la métaphysique*, op. cit., p. 31-33.

une méthode d'analyse. Leur philosophie est une théorie de la connaissance qui consiste à analyser les jugements avancés par les hommes pour discerner le vrai du faux. Dire, par exemple, que cet objet est un crayon, c'est dire, pour Locke, qu'il est un ensemble de qualités sensibles attachées à un élément caché. Tandis que pour Berkeley et Hume, c'est un ensemble de sensations liées les unes aux autres sans présupposer un élément qui leur soit sous-jacent[86].

Le rôle du philosophe consiste donc à analyser le sens des jugements et à juger de la cohérence logique des termes et des expressions. Son rôle ressemble ainsi à « un expert des monnaies qui sait discerner les vraies pièces de monnaie de la fausse monnaie »[87]. C'est une philosophie qui se rapproche, d'une certaine façon, de la science. En un mot, c'est une philosophie scientifique. Mais ce n'est pas le philosophe qui va faire des observations et des expériences ou qui va dégager des jugements scientifiques. Autrement dit, il ne lui revient pas de faire des recherches scientifiques ou de réaliser des découvertes. Lesquelles sont réservées à la science qui dispose des instruments de recherche appropriés à chaque domaine[88]. C'est pourquoi Z. Mahmûd s'en prend aux métaphysiciens qui croient que la pensée théorique est seule apte à étudier l'univers[89]. À l'instar du savant qui définit, d'une façon précise et non ambiguë, les concepts scientifiques de sorte qu'ils désignent un sens bien défini, il est nécessaire que le philosophe sache délimiter nettement les termes qu'il traite.

Mais pourquoi les savants eux-mêmes ne s'occupent-ils pas de cette tâche qui est celle d'analyser et de clarifier les termes scientifiques ? À cette question, Z. Mahmûd évoque deux réponses. En premier lieu, si certains savants contribuent à cette tâche, ils seront eux aussi des philosophes. Ainsi Newton faisait office de philosophe quand il essayait de définir la masse. En second lieu, les savants s'intéressent plutôt à dégager les lois des phénomènes sans s'appliquer souvent à définir et à analyser les termes qu'ils emploient. À titre d'exemple, ils utilisent les concepts d'espace, de temps, de matière, etc. sans en analyser le contenu[90].

---

[86] Cf. *Ibid.*, p. 34-36.
[87] Z. Mahmûd, *Pensées et attitudes*, *op. cit.*, p. 33.
[88] Cf. Z. Mahmûd, *Attitude à l'égard de la métaphysique*, *op. cit.*, p. 19.
[89] Cf. Z. Mahmûd, *Pensées et attitudes*, *op. cit.*, p. 7.
[90] Cf. Z. Mahmûd, *Attitude à l'égard de la métaphysique*, *op. cit.*, p. 19-20.

Le philosophe ne se contente pas uniquement d'analyser les concepts scientifiques, mais cherche aussi à analyser et à clarifier les termes utilisés par le commun des hommes. Termes qui ne sont pas totalement ignorés par ces derniers ni bien connus par eux. Z. Maḥmûd compare ces termes, qui sont plus ou moins connus, avec une ville vue de loin. Ce qu'on y voit, ce sont les repères essentiels, mais les détails nous échappent. C'est en s'approchant d'elle que ces détails deviennent de plus en plus clairs. Ce qui, par exemple, paraissait de loin une grande tache blanche se révèle un immeuble de vingt étages lorsqu'on est à quelques pas du site[91]. Le rôle de la philosophie consiste, dans ce sens, à aborder les termes utilisés couramment pour les voir plus clairement et en saisir le véritable sens.

L'attitude des hommes à l'égard de l'analyse scientifique diffère de celle envers l'analyse philosophique. Dans le premier cas, l'analyse porte sur les choses matérielles pour les décomposer en leurs éléments constitutifs. Tandis que dans le deuxième cas, l'analyse cherche à décomposer les idées en des éléments plus simples. En termes plus clairs, à la différence de l'analyse scientifique qui traite de la matière indépendamment de sa relation directe avec l'homme, l'analyse philosophique touche directement aux différents aspects de l'existence humaine, à savoir : la raison, l'esprit, la pensée, la volonté, l'affectivité, le bien, le mal, le beau, le laid, le vrai, le faux, etc. Ces notions, qui sont plus ou moins connues, sont analysées par le philosophe pour en dégager une signification claire[92].

Dans son ouvrage *De notre vie intellectuelle*, Z. Maḥmûd consacre un chapitre intitulé *La volonté de changement* en vue d'analyser ces termes et par la suite montrer que la volonté est essentiellement changement. Il suffit de dire volonté, car le changement y est impliqué. La volonté n'est pas une faculté de la personnalité. Elle est un mode de conduite. Elle se définit relativement à l'homme qui accomplit une action dans l'intention d'atteindre un but. Volonté et action sont inséparables, car on ne peut pas dire d'une personne qu'elle a une volonté sans que celle-ci soit traduite par un acte, comme si on disait de quelqu'un qu'il mange, mais sans qu'il y ait nourriture. La volonté est elle-même l'action qui réalise un but et élimine tout ce qui s'y oppose pourvu que le but soit choisi par

---

[91] Cf. Z. Maḥmûd, *De notre vie intellectuelle*, op. cit., p. 65.
[92] Cf. *Ibid.*, p. 66.

la personne et non pas imposé à elle. La vie humaine est une unité organique composée d'une action et d'un mouvement, sans qu'il y ait distinction entre l'idée de la raison et sa volonté. La volonté est donc l'action qu'elle exécute. S'il n'y a pas de volonté sans action, il n'y a pas également de volonté sans changement, car l'action accomplie ne se fait pas dans le vide, mais dans le but de changer ou de transformer quelque chose[93].

D'ailleurs, il est vrai que la critique de la métaphysique théorique, telle qu'elle est élaborée par Z. Maḥmûd, correspond d'une certaine façon à celle effectuée par Kant. Mais alors que ce dernier révoque la métaphysique du fait que la raison théorique est, par sa structure même, incapable de dépasser les limites dans lesquelles elle est circonscrite, le premier la discrédite car le discours qu'elle emploie est vide de tout sens. Autrement dit, l'impossibilité de la métaphysique, selon Kant, est une vérité psychique et un fait réel, car la raison humaine n'est pas originellement formée pour appréhender la connaissance métaphysique, comme l'œil n'est pas fait pour entendre les voix. Si l'homme était constitué autrement, la connaissance métaphysique aurait pu être probablement possible[94]. Tandis que les partisans du positivisme logique ramènent cette impossibilité aux termes vides dont se sert la métaphysique. Termes logiquement incompréhensibles et qui ne correspondent à aucune réalité sensible. L'impossibilité de la métaphysique serait, tout simplement, une impossibilité logique[95].

Si l'on revient à l'exemple de l'Absolu qui, selon Bradley, entre dans l'évolution et le progrès du monde, mais qui ne subit aucune évolution, Kant attribue l'impossibilité de ce discours à la nature même de la raison qui n'est pas faite pour saisir l'Absolu. Tandis que pour les positivistes logiques ce discours est impossible car il est vide de sens. Lorsqu'on dit, par exemple, que l'escpranos entre dans l'évolution du monde, au moment où l'escpranos est un signe

---

[93] Cf. *Ibid.*, p. 67-72.
[94] Est-il nécessaire de rappeler que Kant s'interroge sur la valeur de la connaissance métaphysique dans la partie consacrée à la dialectique transcendantale de son ouvrage *Critique de la raison pure* ? La raison est dialectique lorsqu'elle tente d'étendre la connaissance au-delà des limites de l'expérience sensible. En dehors de la pierre de touche de l'expérience, la raison humaine est vouée à des contradictions inévitables et sans fin. Elle s'illusionne des chimères (Cf. Kant, *Critique de la raison pure*, Préface de la 1ère édition, *op. cit.*, p. 5).
[95] Cf. Z. Maḥmûd, *Attitude à l'égard de la métaphysique*, *op. cit.*, p. 50-51.

dénué de sens, faut-il attribuer l'impossibilité de ce discours à la constitution de la raison de pouvoir saisir l'escpranos ? N'est-ce pas plutôt qu'on a utilisé des sons vides de tout sens et qu'il faut éliminer du discours raisonnable[96] ?

En outre, dire selon Kant que la raison humaine ne peut pas dépasser les limites dans lesquelles elle est circonscrite et dire en même temps qu'il y a au-delà de ces limites des « choses » qu'elle ne saurait saisir, c'est tomber dans la contradiction. Car le fait de reconnaître qu'il y a des « choses » qui dépassent ces limites est une preuve d'avoir franchi la frontière pour pénétrer un endroit censé être intouchable[97].

En résumé et pour conclure, disons que les partisans du positivisme logique se mettent d'accord sur quatre points essentiels. Premièrement, la tâche de la philosophie ne consiste pas à élaborer une réflexion contemplative et abstraite, mais cherche à analyser les dires des savants et des hommes dans leur vie quotidienne pour en clarifier le sens. Deuxièmement, la métaphysique doit être rayée du domaine du discours légitime. Car l'analyse logique de ses propositions principales révèle qu'elles sont vides de sens. Troisièmement, les partisans du positivisme logique admettent, à la manière de la théorie de Hume, que le rapport de cause à effet n'est qu'un rapport de conjonction que dégage l'expérience. Ce qui veut dire que la causalité n'est pas un rapport de nécessité imposé par la raison. Il s'ensuit que les lois scientifiques ne jouissent plus d'une certitude absolue, mais sont plutôt basées sur la probabilité et la statistique. Quatrièmement, les propositions mathématiques et les jugements de la logique formelle sont tautologiques. Autrement dit, ils n'ajoutent aucun savoir relativement au monde extérieur, car les propositions mathématiques, qui sont analytiques, sont des équations, c'est-à-dire ce qui est dit dans la deuxième moitié de l'équation équivaut à ce qui est énoncé dans la première moitié. Les mathématiques sont donc des sciences certaines, vu leur caractère tautologique, tandis que les sciences de la nature ne le sont pas d'une façon absolue, car leurs lois demeurent probables en ce qu'elles se soumettent toujours au contrôle de l'expérience[98].

---

[96] Cf. *Ibid.*, p. 83-84.
[97] Cf. *Ibid.*, p. 84.
[98] Cf. Z. Mahmûd, *La vie de la pensée dans le Nouveau Monde, op. cit.*, p. 289-291.

3. La question de la relativité des valeurs

Dans le cadre du positivisme logique, les termes de la métaphysique théorique n'ont pas de signification, vu qu'ils traitent des choses qui échappent aux sens. C'est le même problème qui se pose au sujet des valeurs du bien et du beau. Lesquelles sont également des contenus qui ne tombent pas sous les sens. C'est la raison pour laquelle elles sont dépourvues, selon Z. Maḥmûd, de toute teneur objective. Le monde extérieur ne s'assortit pas en soi du bien ou du beau. C'est tout simplement un monde des choses soumis à l'examen des sens. L'objectivité des valeurs est illusoire. Celles-ci demeurent relatives. Elles sont uniquement le propre de l'homme.

Si les choses sensibles, telles qu'une montagne ou un arbre, existent indépendamment de l'homme, il n'en est pas de même pour le bien ou le beau dont l'existence dépend seulement des sentiments et des états d'âme humains. Lorsque je regarde une rose, écrit Z. Maḥmùd, et que je dis qu'elle est belle, ce n'est pas la beauté que je vois réellement. Je ne perçois effectivement qu'une tache de couleur ayant telle forme et telles dimensions ; je vois aussi en elle une composition chimique si je l'analyse. Mais je ne vois pas en elle un élément qui s'appelle la beauté. Dire qu'elle est belle est une qualité non inhérente à la chose, mais quelque chose que moi-même je lui attribue ; c'est une description non de la rose, mais de mes sentiments à son égard[99]. Ainsi la valeur d'une chose se ramène à un sentiment propre que l'homme éprouve envers cette chose. Donc le jugement qui renferme le terme beau est un jugement qui ne saurait être soumis à l'expérience sensible, c'est plutôt une expression métaphysique. Il s'ensuit que les expressions qui touchent aux valeurs du bien et du beau ne revêtent pas un sens et ne méritent pas, de la sorte, d'être une science ou une partie de la science.

Si les valeurs sont le propre de l'homme, cela veut dire que le monde qui lui est extérieur est loin de contenir le bien et le beau. La chose serait bonne ou mauvaise, belle ou laide en vertu de celui qui la perçoit. C'est un monde des choses qui nous fait passer de la métaphysique à la science par le moyen du langage[100]. Mais cela ne

---

[99] Cf. Z. Maḥmûd, *Attitude à l'égard de la métaphysique, op. cit.*, p. 111.
[100] Cf. 'Abd-el-laṭif Fatḥ el-dîn, *Rénovation de la pensée arabe dans la philosophie de Z.N. Maḥmûd*, (Tahdith al-fikr al-'arabiyy fi falsafat Zakî Najîb Maḥmûd), Beyrouth, Centre des études de l'unité arabe, 2011, p. 22.

signifie pas que Z. Maḫmûd rejette les valeurs. Il refuse seulement que ces dernières soient objet d'une étude scientifique, car elles échappent à toute espèce de vérification qui est le propre de la science. Le jugement qui reflète la manière d'être ou de sentir du sujet parlant est exclu de la science, car il sort du domaine de la connaissance. Ce n'est qu'un état sentimental ressenti par le sujet. Z. Maḫmûd prend à l'appui l'idée de Bertrand Russell qui remarque, dans son ouvrage *Histoire de la philosophie occidentale*, que la connaissance humaine est la connaissance du monde soumis à l'expérience sensible. Un monde qui constitue le véritable champ de l'investigation scientifique[101]. Ainsi tout jugement qui ne désigne pas une chose du monde extérieur est un jugement qui dépasse les limites de la science et ne mérite pas de faire partie du domaine de la véritable connaissance.

Les termes qui désignent des valeurs nous renseignent uniquement sur l'état d'âme de celui qui parle, sur ses sentiments d'amour ou de haine à l'égard d'une chose, et non sur la chose en elle-même. Lorsqu'il se sent affecté, il accorde à son impression un terme, tel que bien ou beau. Dans ce cas, il est impossible de discuter dans le registre de son émotion qui est proprement subjective[102]. Car le sujet parlant ne décrit pas une chose du monde extérieur pour juger de l'adéquation de son jugement avec la chose décrite. Le débat ne saurait jamais être tranché entre ceux qui discutent des valeurs morales ou esthétiques. C'est pourquoi un jugement porté sur ce qu'on appelle beau ou bien est inadmissible en logique. Celle-ci n'approuve que les jugements qui peuvent être décrits en termes de vrai ou de faux. Et pour le faire, cela nécessite le recours à un critère objectif qui existe dans le monde sensible pour régler le différend[103].

Il en ressort que la proposition morale ou esthétique est, à la manière des propositions métaphysiques, une proposition vide de sens. C'est qu'elle n'exprime que le point de vue de celui qui l'énonce et non un fait réel qui peut juger de sa vérité ou de sa fausseté. Dire qu'une chose est jaune et qu'une chose est bonne sont deux jugements radicalement différents. Car dans le premier cas, il est possible de faire correspondre ce jugement à son origine qui est la réalité extérieure, et par conséquent évaluer sa vérité ou

---

[101] Cf. Z. Maḫmûd, *Attitude à l'égard de la métaphysique*, op. cit., p. 123.
[102] Cf. Z. Maḫmûd, *Vers une philosophie scientifique*, op. cit., p. 109.
[103] Cf. Z. Maḫmûd, *Attitude à l'égard de la métaphysique*, op. cit., p. 118.

sa fausseté. Ce qui n'est certainement pas le cas dans le deuxième jugement qui ne décrit pas une chose extérieure pour y estimer le degré d'adéquation. Il ne décrit que l'état d'âme ou la tendance de celui qui l'énonce[104]. Les valeurs qu'on accorde aux choses ne sont que des mots qui ne représentent rien de ce qui peut être ressenti par les sens.

C'est l'expérience personnelle de l'homme et son éducation qui lui permettent d'aimer une chose ou de la haïr. Ce qu'il aime, il le considère comme bien et ce qu'il hait, il l'estime comme mal. Et ce qu'il aime, il le trouve comme beau ; ce qu'il hait, il le regarde comme étant laid. Mais cela ne signifie pas que son jugement demeure toujours stable. Car ses expériences personnelles et sa formation intellectuelle, ainsi que les conditions de vie dans lesquelles il se trouve, sont de nature à modifier son opinion et sa façon de juger[105].

Ce point de vue nous rappelle celui de Spinoza[106] qui voit que les choses de la nature ne sont pas bonnes ou mauvaises, belles ou laides en soi. C'est l'homme qui les juge ainsi en fonction de leur impact sur sa puissance d'exister ou sur son désir. Autrement dit, sont bonnes les choses qui augmentent sa puissance, mauvaises celles qui la diminuent. « Nous ne désirons aucune chose, souligne Spinoza, parce que nous jugeons qu'elle est bonne ; mais, au contraire, que nous appelons bon ce que nous désirons ; et par conséquent ce qui nous donne de l'aversion, nous l'appelons mauvais[107]. » Donc, chacun selon son sentiment juge qu'une chose est bonne ou mauvaise, utile ou inutile.

---

[104] Cf. *Ibid.*, p. 120.
[105] Cf. *Ibid.*, p. 136.
[106] Remarquons que Z. Maḥmûd a étudié en détails la pensée de Spinoza, ainsi que celle des autres philosophes occidentaux modernes, dans son ouvrage *Histoire de la philosophie moderne*. En traitant de l'éthique spinoziste, il observe que le bien et le mal sont relatifs aux goûts et aux fins des humains qui ignorent l'ordre de la nature et sa formation. Ainsi, le bien et le mal, le beau et le laid sont des termes qui ne désignent pas quelque chose de positif, mais ils sont des opinions personnelles variables (Cf. *Histoire de la philosophie moderne*, Caire, Maṭba'at lijnat al-ta'lîf w al-tarjama w al-nashr, 1936, p. 152 et *Attitude à l'égard de la métaphysique, op. cit.*, p. 136).
[107] Spinoza, *L'éthique*, trad. par R. Caillois, Paris, Gallimard, 1954, p. 218.

Chapitre deuxième
Concilier le patrimoine culturel arabe et la pensée occidentale contemporaine

Étant profondément marqué par les méthodes et les écoles philosophiques et scientifiques européennes, Z. Maḥmûd situe d'abord le patrimoine arabe dans l'optique de la superstition métaphysique qui ne résiste pas à la rigueur et à l'analyse du positivisme logique. Mais cette façon d'envisager ce patrimoine s'est bouleversée lorsqu'il a écrit son ouvrage *Rénovation de la pensée arabe* qui constitue un tournant dans l'évolution de sa pensée. Il avoue que sa formation intellectuelle fut d'abord imprégnée par la pensée européenne lorsqu'il était étudiant et ensuite lorsqu'il a commencé l'enseignement, admettant ainsi son ignorance de la culture arabe. C'est dans une étape avancée de sa vie qu'il s'est approfondi dans l'étude du patrimoine arabe[108].

Tout cela ne l'a pas épargné certaines critiques qui l'accusent d'être un penseur marqué d'occidentalisation et quasi ignorant de son patrimoine culturel. Il va jusqu'à poser une dualité radicale qui se traduit dans une alternative très embarrassante : ou bien vivre notre époque à la manière des Occidentaux, ou bien négliger notre époque pour revivre notre patrimoine. De plus, il fut incriminé d'avoir dénoncé le patrimoine arabe comme étant imbibé d'irrationnel, d'astrologie et de magie, et dépourvu de créativité et d'innovation[109]. D'ailleurs, on s'en prend à lui l'admiration excessive qu'il a envers la civilisation occidentale ; à telle enseigne qu'il a rarement adressé des critiques à l'égard de cette civilisation quant à son aspect matérialiste ou capitaliste et quant à la violence et aux crimes organisés qu'elle commet. C'est ce qui le conduit à prendre parti pour cette civilisation, c'est-à-dire pour la culture de la science et de la raison contre la culture de son patrimoine et de sa religion[110].

Malgré ces objections, une lecture approfondie de l'œuvre de Z. Maḥmûd nous révèle que ce penseur refuse, à la fois, de rompre catégoriquement avec le passé en raison de son attachement à son identité arabe et de le sacraliser du fait qu'il est épris de la culture

---

[108] Cf. Z. Maḥmûd, *Rénovation de la pensée arabe*, op. cit., p. 5.
[109] Cf. ʻEzzat el-Sayed Aḥmad, *Maḥmûd (Zakî Najîb)*, in www.arab-ency.com/ar.
[110] Cf. Jihad Fadel, *Une lecture différente de Zakî Najîb Mahmûd*, in aljsad.org/showthread.php.

scientifique européenne[111]. C'est pourquoi il s'est employé à accorder la pensée scientifique occidentale avec son patrimoine arabe. Le problème est de savoir ce qu'on doit prendre de l'Occident et ce qu'on doit délaisser, et en même temps ce qu'il faut emprunter ou négliger du patrimoine arabe. Rénovation ne signifie donc pas sapement des fondements du patrimoine, mais élaboration d'une nouvelle vision qui n'est pas pourtant entièrement détachée du passé.

Ce n'est pas la première fois que les Arabes se trouvent embarqués dans une telle situation. Le problème fut soulevé dans les temps anciens lorsque les Arabes se trouvaient en présence d'une culture qui marquait l'époque par ses réalisations scientifiques et son apport philosophique. C'est la culture grecque qui, en ce temps, représentait pour eux la culture européenne. Le souci des Arabes consistait à concilier le contenu de la culture grecque et les prescriptions de la loi islamique. De nos jours, la conciliation réside dans l'acquisition de la science de l'Europe moderne et en même temps la conservation des caractères essentiels du patrimoine. Une conciliation qui ne vise pas à éliminer une des deux sources, mais à trouver une troisième voie susceptible d'assimiler ces deux points de vue et d'en faire la synthèse[112].

1. Incorporer l'arabité à la contemporanéité

L'essentiel n'est pas de se rendre compte de la quantité des connaissances que les Arabes ont empruntées aux cultures de l'Occident ni de ce qu'il leur manque encore pour atteindre un niveau de progrès considérable. Il s'agit surtout de savoir comment constituer une culture formant un tout cohérent où s'intègrent l'emprunté et l'original en une vision unique du monde. Une culture qui ne saurait omettre les apports de la culture occidentale, aux niveaux scientifique et technique, de crainte que l'on ne soit dépassé, ni tourner le dos au patrimoine arabe pour éviter de

---

[111] Dans un chapitre qu'il a intitulé « L'époque de la transformation », Z. Maḥmûd exprime la situation d'embarras à laquelle se trouvent confrontées les générations de cette époque, étant tiraillées entre un passé qui ne leur est plus gratifiant et un avenir dont les perspectives ne sont pas encore claires. (Cf. *Une nouvelle société, ou c'est la catastrophe, op. cit.*, p. 195-200).
[112] Cf. Z. Maḥmûd, *Les soucis des cultivés*, Beyrouth-Le Caire, Dâr al-Shurûq, 1989, p. 8-9.

perdre son identité arabe[113]. C'est créer une nouvelle personnalité arabe qui revêt un caractère original et dans laquelle se réunissent les valeurs du passé et celles du présent qui se situe dans l'élan de la civilisation scientifique et technique[114].

Remarquons que cette tentative de conciliation bute contre certaines difficultés. Elle est notamment compliquée chez les peuples de l'Asie et de l'Afrique qui étaient soumis des siècles durant à la colonisation européenne. En ce sens, la nouvelle culture qu'ils cherchent à introduire dans leurs sociétés est celle du colonisateur lui-même. Ce n'est pas évident d'admettre une culture qui est celle des pays qui ont exercé longtemps une politique d'exploitation et d'humiliation à l'égard des sociétés qui y subissaient les interventions violentes[115].

Il n'est donc pas admis d'être un transmetteur de la pensée occidentale ni un diffuseur de la pensée arabe ancienne. Dans le premier cas, l'on perd son arabité, dans le second l'on se prive de la contemporanéité[116]. On ne peut plus demander aux Arabes de ce siècle de reproduire les mêmes formes culturelles au niveau de la poésie ou de la prose telles qu'elles étaient connues jadis. Car la vie de nos jours est celle des recherches scientifiques qui trouvent leur application dans les industries et les productions techniques. Lesquelles aboutissent à la maîtrise et à l'exploitation de la nature[117].

Comment parvenir à réunir deux extrêmes en un seul mode de vie, à savoir la conservation de son identité historique et la satisfaction des exigences de la nouvelle civilisation à caractère hautement technologique et industriel[118] ? Qu'est-ce qu'il faut donc prendre de nos ancêtres ainsi que de la nouvelle culture occidentale et qu'est-ce qu'il faut délaisser ? Comment tisser une nouvelle culture arabe sans tomber toutefois dans une schizophrénie culturelle ?

Tant que les Arabes ne disposent pas d'un projet civilisateur qui porterait leur cachet et qui serait capable d'introduire un changement dans les différents aspects de la vie arabe, ils se

---

[113] Cf. Z. Mahmûd, *Rénovation de la pensée arabe, op. cit.*, p. 10.
[114] Cf. Z. Mahmûd, *De notre vie intellectuelle, op. cit.*, p. 41.
[115] Cf. Z. Mahmûd, *Les soucis des cultivés, op. cit.*, p. 105-107.
[116] Cf. Z. Mahmûd, *Rénovation de la pensée arabe, op. cit.*, p. 254.
[117] Cf. Z. Mahmûd, *Des valeurs du patrimoine, op. cit.*, p. 6.
[118] Cf. Z. Mahmûd, *Les soucis des cultivés, op. cit.*, p. 13.

trouveront condamnés à imiter l'Occident et sa culture scientifique et technique. Ce qui les accule à un état d'aliénation intellectuelle[119].

La question qui tourmentait les penseurs arabes à partir de la deuxième moitié du XXe siècle, et dont la réponse décisive n'est pas encore dégagée, est de savoir de quelle manière la pensée arabe contemporaine pourrait être à la fois authentiquement arabe et authentiquement contemporaine. Il ne s'agit pas, selon Z. Mahmûd, d'effectuer une juxtaposition de l'arabité et de la contemporanéité, mais de procéder à une intégration de ces deux cultures, à leur imbrication, tels les fils d'un même tissu[120]. Ce qui importe est de parvenir à une synthèse organique leur permettant d'être à la fois arabes et contemporains, de s'affirmer dans le présent tout en appartenant au passé.

Ainsi, le groupe de penseurs qui a profondément marqué l'évolution culturelle de la civilisation arabe est celui qui a porté un regard moderne sur les problèmes actuels tout en s'inspirant de son patrimoine culturel. C'est avec ces penseurs que la Renaissance arabe moderne connut ses débuts, du fait qu'ils ont appelé à un réveil de la raison. Telle fut l'attitude de Muhammad 'Abduh qui, en recommandant le recours au jugement de la raison, s'est efforcé de penser le patrimoine religieux à la lumière des connaissances de son siècle et d'unir, dans une vue synthétique, le patrimoine national islamique et les éléments de la civilisation contemporaine ; celle d'al-'Aqqâd qui voulait défendre l'islam en se servant de la synthèse de sa double culture européenne et arabe ; celle de Tâha Husayn qui a fait une relecture critique de l'ancienne littérature arabe à la lumière de la pensée moderne tout en appelant à promouvoir, à la fois, la pensée scientifique et l'affectivité; et celle de Tawfîq al-Hakîm dont les pièces de théâtre établissent une union de l'esprit et de la matière, de l'éternel et du contingent[121].

Il nous paraît utile d'attirer l'attention, dans cet ordre d'idées, sur l'influence qu'a exercée l'ouvrage de Whitehead intitulé *Progrès et réel* sur la pensée de Z. Mahmûd. C'est que Whitehead considère la vérité d'une chose dans sa structure et non dans son contenu. Les structures qui constituent les choses de la nature ne sont

---

[119] Cf. 'Abd-el-latîf Fath el-dîn, *Rénovation de la pensée arabe dans la philosophie de Z.N. Mahmûd*, op. cit., p. 7-8.
[120] Cf. Z. Mahmûd, *Rénovation de la pensée arabe*, op. cit., p. 14.
[121] Cf. Z. Mahmûd, *Une nouvelle société, ou c'est la catastrophe*, op. cit., p. 333 ; cf. *Rénovation de la pensée arabe*, op. cit., p. 272-273 ; cf. *De notre vie intellectuelle*, op. cit., p. 6 et 14.

jamais stables et permanentes, mais subissent une évolution et un progrès continuels, de sorte que ce changement ou ce devenir devient une partie intégrante de leur nature. La structure ou le tout d'une chose ne se réduit pas aux parties qui composent cette chose, du fait que cette structure garde une identité qui la diffère de ses parties constitutives. Autrement dit, toute chose ou toute réalité a sa propre structure ; et c'est le changement de cette structure qui modifie la chose, même si celle-ci garde ses parties constitutives[122].

Une existence indépendante qui se suffit à elle-même est, selon Whitehead, impossible, qu'elle soit un atome ou un Dieu. On ne peut la comprendre qu'en rapport avec d'autres choses dont elle a besoin. Car chaque chose a besoin pour son existence des antécédents qui se rassemblent pour donner naissance à une nouvelle structure. C'est le processus même de la nature qui, durant son évolution, assimile dans chaque étape ce qui la précède pour former de nouvelles structures dans son étape actuelle. Ainsi la nature ajoute, dans chaque phase de son évolution, un nouvel état qui comprend ce qui la précède, mais en créant une forme originale. C'est la création du nouveau qui constitue le principe du mouvement et du progrès[123].

À la lumière de cette thèse de Whitehead, il nous devient plus aisé de saisir le point de vue de Z. Maḥmûd au sujet de la synthèse créatrice que doivent effectuer les Arabes contemporains. Synthèse dont la nouvelle structure assimile certains éléments du patrimoine aux nouvelles données de la société arabe contemporaine qui ne saurait omettre l'apport scientifique et technologique des sociétés occidentales.

2. Maintenir la forme du patrimoine arabe

Malgré la divergence des problèmes posés aux premiers Arabes et ceux posés aux Arabes d'aujourd'hui, cela ne devrait pas empêcher ces derniers de recourir à leur patrimoine pour y puiser certains éléments susceptibles de leur fournir aujourd'hui des solutions convenables. Il n'est pas étonnant, de la sorte, que le penseur arabe contemporain se trouve acculé à cette situation embarrassante et paradoxale : accepter entièrement la culture occidentale, c'est avoir l'impression d'être un mendiant qui

---

[122] Cf. Z. Maḥmûd, *La vie de la pensée dans le Nouveau Monde, op. cit.*, p. 271-274.
[123] Cf. *Ibid.*, p. 275-279.

demande l'aumône ; la refuser par orgueil pour tout emprunter à la culture ancestrale, c'est rester à l'écart des solutions proposées aux problèmes actuels et vivre ainsi dans les problèmes du passé[124]. Dans les deux cas, il se sent étranger. « Comment mélanger d'une manière naturelle et vivante notre nationalité à caractères hérités avec les données de base de la civilisation contemporaine »[125] ?

Vu la complexité de cette situation, Z. Maḥmûd propose une solution qui lui est inspirée par la phrase de Herbert Read tirée de son ouvrage *Art et société* : le patrimoine est un ensemble de moyens techniques que nous pouvons emprunter aux ancêtres pour les utiliser aujourd'hui. Puisque la culture est une manière de vivre, il s'agit de prendre du patrimoine ce que nous pouvons appliquer, ce qui est utile. Le critère réside dans l'action et l'application[126]. Cela vaut aussi bien pour les outils que pour les coutumes et les valeurs. Il convient donc d'intégrer le patrimoine arabe ancien dans la vie contemporaine de manière à ce que les moyens de conduite empruntés aux ancêtres ne s'opposent pas à ceux qu'exigent la science contemporaine et les problèmes actuels.

Ce qu'il faut garder du patrimoine, c'est non plus le contenu mais la forme. Étant donné que les problèmes qui tourmentaient les premiers Arabes étaient des problèmes proprement religieux centrés sur les relations de l'homme avec Dieu, les problèmes dont se soucie l'homme arabe d'aujourd'hui sont de nature différente, tels les problèmes de l'individu et de la société, ou les obligations à l'égard des coutumes. Si le contenu du patrimoine est à délaisser, c'est parce que l'espace intellectuel actuel ne s'intéresse plus aux mêmes problèmes. Mais cela n'implique pas le rejet complet du patrimoine. En maintenir la forme demeure de première nécessité. Forme qui se révèle dans la rationalité de l'examen, même si cela entraîne l'abandon de certaines coutumes vu que le consensus ne constitue pas un critère de vérité[127].

Emprunter certaines valeurs aux premiers Arabes pour les actualiser est indispensable en vue de garder un lien entre le passé et le présent. Dans son ouvrage *Des valeurs du patrimoine*, Z. Maḥmûd en choisit la façon de penser des premiers Arabes qui consiste à passer d'un principe général pour en dégager les règles

---

[124] Z. Maḥmûd, *Rénovation de la pensée arabe, op. cit.*, p. 98-99.
[125] Z. Maḥmûd, *Pensées et attitudes, op. cit.*, p. 68.
[126] Cf. Z. Maḥmûd, *Rénovation de la pensée arabe, op. cit.*, p. 17-18.
[127] Cf. *Ibid.*, p. 326-327.

de pensée et de conduite[128]. Il considère plusieurs domaines d'application de ce principe. Choisissons le domaine de la morale. La culture arabe musulmane fonde son édifice sur des principes moraux qui doivent régler les rapports de conduite entre les gens. Le philosophe arabe le plus éminent dans ce domaine est Ibn Miskawayh qui, tout au long de ses écrits, cherche à mettre en relief le principe général qui permet de distinguer le bien du mal dans l'acte humain. Ce principe n'est autre que la nature de l'âme humaine, et en particulier son essence qui la différencie des autres âmes des corps vivants. Ainsi tout acte qui parvient à se représenter cette essence et à l'appliquer est vertueux, et tout acte qui s'en éloigne est vicieux. La perfection d'un acte consiste à réaliser la fin pour laquelle Dieu l'a conçue en l'homme[129].

Il est toutefois indispensable de ne pas omettre une autre manière d'envisager les choses. Celle justement qui se vérifie dans la méthode scientifique inductive qui part des données particulières vers un principe général. Car même dans le domaine moral, il faut toujours prendre en considération des cas et des événements particuliers. Ce qui nécessite la révision ou la remise en question des principes généraux pour les adapter à des nouvelles situations[130].

Ce qu'il faut donc emprunter au patrimoine, c'est la méthode rationnelle qu'appliquaient nos ancêtres dans leur façon de traiter les problèmes qui se posaient à eux. Tel est le cas de Abû-l-'Alâ' al-Ma'arrî. Autrement dit, ce qu'il faut retenir de l'héritage des Anciens, c'est leur manière de voir les choses, pourvu qu'elle soit rationnelle, de sorte qu'elle ne soit pas en opposition avec les manières d'agir que nécessitent la science moderne et les problèmes actuels. Car ce qui relève du domaine irrationnel demeure subjectif et variable[131].

Une relation vivante naturelle doit être établie entre les premiers Arabes et les Arabes d'aujourd'hui dans le domaine de la pensée et de la culture. Cette relation n'est possible que par la voie d'imitation. Une imitation qui ne soit pas certainement rigide, mais pareille à celle de l'artiste à l'égard de la nature, comme le montre

---

[128] Cf. Z. Mahmûd, *Des valeurs du patrimoine, op. cit.*, p. 7-8.
[129] Cf. *Ibid.*, p. 10-13.
[130] Cf. *Ibid.*, p. 19.
[131] Cf. Z. Mahmûd, *Le rationnel et l'irrationnel dans notre patrimoine intellectuel*, Beyrouth-Le Caire, Dâr al-Shurûq, 1981, p. 453.

Aristote. À l'instar des productions de la nature qui constituent une unité organique et unique, l'artiste est censé créer des œuvres originales dont les éléments s'intègrent dans un tout unique[132]. Z. Maḥmûd prend également l'exemple de John Dewey, représentant de l'école pragmatique, qui, tout en imitant la logique d'Aristote, assume à l'égard de la science de son temps la même fonction de logicisation assumée par Aristote à l'égard de la science de son temps[133]. La pensée n'est pas, pour Dewey, un objet, mais un appel et un plan de travail.

Aux Arabes de prendre, dès lors, la partie rationnelle de leur patrimoine dont le contenu sera tiré de leur siècle, de leur vie, de leurs expériences. Autrement dit, pour résoudre leurs problèmes actuels, les Arabes d'aujourd'hui sont censés se servir de l'attitude rationnelle des premiers Arabes à l'égard du monde. Il s'agit donc d'adopter la manière de voir des Anciens, en laissant de côté leurs problèmes propres. La solution des problèmes actuels nécessite de se servir des mêmes critères utilisés par les Anciens pour le traitement de leurs propres problèmes[134]. C'est, en fait, adopter la forme de l'attitude arabe ancienne et non sa matière en vue de remédier aux problèmes de notre temps. Dans ce contexte, Z. Maḥmûd souligne qu'« on ne saurait avoir un sentiment vif de notre existence et une capacité de participation positive à notre civilisation contemporaine que si notre présent parvient à absorber notre passé, de sorte que cette absorption transporte ce passé de son état de merveille à contempler et d'expressions que l'on répète à un état de nourriture pour le sang dans les veines »[135]. Par ce passage, le passé cesse d'être un élément extérieur et étranger au présent pour devenir un élément actif capable d'orienter notre conduite.

Z. Maḥmûd considère que les muʿtazilites sont peut-être les plus proches de nous grâce à leur principe du recours à la raison. Un penseur arabe Râwandi a même remis en question l'utilité du message prophétique. Il estime que si ce message est d'accord avec la raison, il est inutile puisque la raison suffit ; et s'il est en désaccord avec la raison, il vaut mieux d'être rejeté[136]. Même si le

---

[132] Cf. Z. Maḥmûd, *Rénovation de la pensée arabe*, op. cit., p. 305-306.
[133] Cf. *Ibid.*, p. 306.
[134] Cf. Z. Maḥmûd, *Le rationnel et l'irrationnel dans notre patrimoine intellectuel*, op. cit., p. 7.
[135] Z. Maḥmûd, *Des valeurs du patrimoine*, op. cit., p. 172.
[136] Cf. Z. Maḥmûd, *Rénovation de la pensée arabe*, op. cit., p. 118.

contenu des conceptions traitées par les muʿtazilites diffère de ce que nous entendons aujourd'hui par les mêmes mots, à savoir la justice, la liberté, l'unicité divine, etc., l'on peut, au moins, se servir de leurs principes et de leur examen méthodique des différents thèmes.

Il est à remarquer que les principes auxquels il faut se référer pour s'adapter à la réalité sont des présupposés. Ils ne sont pas des vérités qui s'imposent. C'est l'homme qui se les donne en fonction de ses objectifs. Ils sont susceptibles d'être modifiés jusqu'à ce que l'homme ait trouvé d'autres principes plus utiles pour sa vie pratique. Les présupposés théoriques anciens adoptés par les Arabes d'hier ne sauraient être les mêmes que ceux appliqués par les Arabes d'aujourd'hui en raison du changement des circonstances[137]. C'est ainsi que les Arabes d'antan envisageaient la langue comme une entité en soi, au lieu de la prendre pour un instrument de découverte ou d'expression de la réalité.

3. Créer une culture arabe contemporaine

Le passage d'une culture à une autre est le fruit de la mutation qui se situe entre un passé et un avenir. C'est pourquoi il faut éviter de mesurer les choses en fonction du passé ou de l'avenir. C'est le présent qui compte. C'est à partir de lui que se dessinent l'initiative et la création. Le nouveau ne saurait être préalablement soumis à des règles et à des lois qui entravent son élan. Il se fait et se renouvelle sans cesse[138]. Dans cet état de transformation, il n'est plus possible de juger le futur à la lumière du passé. Un tel jugement n'est possible que dans le cas où règne un état d'inertie et de stabilité.

Aucune idée ou institution ou situation n'est à l'abri de la critique. Une critique qui n'est pas un refus négatif de tout ce qui existe. Pour passer au nouveau, il s'agit d'abord de dégager les points faibles. Ce n'est pas le changement qui est honteux, mais le fait d'en garder le statu quo et de sacraliser le passé. Les traditions ne sauraient jamais être le juge qui décide du vrai ou du faux[139]. Le progrès demeure effectivement l'élément constitutif de la culture contemporaine.

---

[137] Cf. *Ibid.*, p. 198.
[138] Cf. *Ibid.*, p. 224 et 226.
[139] Cf. *Ibid.*, p. 227.

Malgré la nécessité de prendre appui sur le passé pour le consulter sur certains problèmes qui touchent au présent, les Arabes sont appelés à ne pas subir aveuglément le charme du passé. Bien au contraire, une attitude critique est exigée à l'égard de ce dernier en vue d'éviter les contradictions incluses dans ce patrimoine et de tirer profit de sa dimension rationnelle. Au lieu que ce patrimoine constitue un obstacle sur le chemin du progrès, il s'agit de savoir y puiser ce qui est bénéfique pour la situation présente.

La culture se mesure à sa puissance de changer la réalité dans le sens de son amélioration. L'homme vraiment cultivé est un homme révolté dont la mission consiste à faire évoluer positivement la situation de la société. Partant de cette idée selon laquelle la culture est un moyen de changement, Z. Mahmûd affirme dans ses derniers écrits « la différence entre celui qui a cru en une idée qu'il décide de diffuser parmi les hommes pour en généraliser la grâce, et celui qui a cru en une idée qu'il réserve à lui-même pour en jouir. [...] C'est à la première catégorie que s'impose la responsabilité de changer la vie et de la perfectionner »[140]. Autrement dit, l'homme cultivé est celui qui porte des idées personnelles ou acquises, et qui estime que ces idées méritent d'être exercées dans la vie quotidienne, tout en s'employant à les réaliser[141]. Ceux donc qui jouissent d'une culture authentique ne peuvent pas se contenter de ce qu'ils ont acquis, mais visent à transmettre leur culture en vue de donner un nouvel élan à leur société.

Il est temps de comprendre que l'ancienne idée selon laquelle toute chose a une substance immuable n'est plus actuellement admise. Le siècle contemporain institue une nouvelle vision du monde et des êtres. Vision qui les envisage comme étant une histoire, un ensemble d'évènements qui se succèdent continuellement. La chose ou l'être vivant n'est en fait qu'une longue série d'évènements. Parler, par exemple, de la civilisation ou de la culture arabe ne consiste pas à attribuer à cette entité une substance invariable, mais à voir en elle une longue chaîne

---

[140] Z. Mahmûd, *La récolte des années*, Beyrouth-Le Caire, Dâr al-Shurûq, 2005, p. 382.
[141] Cf. Z. Mahmûd, *Une nouvelle société, ou c'est la catastrophe*, op. cit., p. 323.

d'évènements qui se suivent et qui forment les caractères distinctifs de cette civilisation[142].

L'homme arabe vit dans le monde de la langue et des symboles à l'écart du monde de la nature. Il n'envisage pas les choses comme étant régies par des lois naturelles, mais comme des êtres isolés. C'est pourquoi il croit à la notion du hasard plutôt qu'à celle de la loi. Cela nécessite de substituer la planification à long terme à la croyance en la spontanéité et en l'improvisation[143]. Le passage mental que doit effectuer la société arabe est celui de la culture de la parole à la culture de la science. Laquelle aboutit à une action dans le monde de l'industrie en son sens mécanique moderne[144]. Comme phénomène moderne, l'industrie est fondée sur la science et la technique. Or la nation arabe en est encore à la période pré-scientifique, pré-technique et pré-machinisme.

Il est à remarquer qu'à ses débuts la science était un savoir basé sur la déduction. Par cette méthode, la conclusion ne fait que reproduire la proposition première, comme si elle sortait de son fond. Les sciences mathématiques ainsi que la logique formelle d'Aristote en sont des exemples typiques, du fait qu'elles dégagent une proposition d'une autre ou substituent une équation à une autre. Mais à cette méthode, qui ne traite que des termes et des propositions et qui demeure celle des mathématiques, fut ajoutée en Europe, à partir du XVIe siècle, la méthode expérimentale. Laquelle s'applique à examiner directement les faits de la nature moyennant les instruments de mesure appropriés. La lecture des textes des anciens et leur interprétation sont complètement abandonnées. Ce qui compte désormais, c'est la lecture des phénomènes naturels. Autrement dit, c'est une observation dotée d'instruments de plus en plus sophistiqués[145].

Si les Arabes sont en retard par rapport à la civilisation occidentale, c'est qu'ils ont manqué d'appliquer cette nouvelle méthode basée sur l'observation et les techniques nouvelles. Ils sont restés prisonniers de l'ancienne méthode qui nécessite le recours à des prémisses pour aboutir à une conclusion déterminée sans pouvoir s'en libérer pour étudier la nature physique et en dégager les lois. À l'encontre de ceux qui sont restés attachés à

---

[142] Cf. Z. Maḥmûd, *Des valeurs du patrimoine, op. cit.*, p. 319-321.
[143] Cf. Z. Maḥmûd, *Rénovation de la pensée arabe, op. cit.*, p. 249.
[144] Cf. *Ibid.*, p. 239.
[145] Cf. Z. Maḥmûd, *Des valeurs du patrimoine, op. cit.*, p. 293-295.

l'ancienne méthode en se contentant de l'évidence stable et figée, les hommes de science qui adoptent la méthode expérimentale ne craignent pas de s'aventurer dans l'exploration des lois de la nature dont l'évidence et la stabilité ne sont pas garanties. C'est que ces lois ne sont jamais définitives et subissent une modification continuelle[146].

La mutation que les Arabes sont censés actuellement réaliser exige l'acquisition de la science et de l'industrie. Le progrès dans le monde contemporain suit une marche inéluctable dont les moments sont la science, l'industrie et le perfectionnement de la technologie. En fait, les nouveaux instruments et machines sont eux-mêmes la science moderne. Car le progrès de la science en dépend étroitement et vice versa[147]. Même l'agriculture est devenue une agriculture industrialisée. Contrairement au penseur arabe A. Shawqî qui souligne dans un vers célèbre que les nations valent par leur morale, Z. Mahmûd considère que les nations valent par leurs techniques. Le passage du sous-développement à la modernité est, en fait, le passage d'une connaissance constituée par la parole à celle formée par la machine qui produit[148].

S'il incite les Arabes à se lancer dans la voie du développement technologique, Z. Mahmûd ne se montre pas aussi pessimiste à l'égard des enseignements fournis par son patrimoine. Les Arabes peuvent en tirer des idées fort utiles pour faire face aux problèmes du siècle. Ainsi, contre le chauvinisme qui caractérise certaines sociétés actuelles, les Arabes doivent recourir à leur patrimoine où ils ont fait preuve d'égalité entre les peuples et les cultures. À l'encontre du racisme, de l'injustice et de l'agression, les Arabes se sont montrés tolérants, justes et modérés. Si les Arabes agissaient ainsi dans le monde moderne, ils réussiraient à concilier modérément la pensée et l'action, la raison et la religion, la culture de l'esprit et la civilisation de la vie[149].

4. Le langage, instrument fondamental de rénovation

Le passage mental d'une époque à une autre ou d'une culture à une autre ne s'effectue pas par la transmission des termes généraux

---

[146] Cf. *Ibid.*, p. 296-297.
[147] Cf. *Ibid.*, p. 130.
[148] Cf. Z. Mahmûd, *Rénovation de la pensée arabe, op. cit.*, p. 238-239.
[149] Cf. *Ibid.*, p. 253.

et de leur signification abstraite, lesquels demeurent souvent invariables. Ce qui change effectivement, c'est le contenu de ces mots, la façon de les interpréter et de les appliquer. Tels, par exemple, les termes de liberté et de justice qui demeurent, mais leur contenu change avec le changement de culture. Comme si les termes abstraits étaient des coupes et que la boisson était le contenu. Les coupes ne changent pas avec le temps, ce qui se modifie est la boisson[150].

Les deux termes de science et d'action ont ainsi revêtu des sens différents en fonction du patrimoine arabe et de l'époque contemporaine. Selon Al-Ghazâli, qui tient à se référer à ces deux termes, la science porte sur la connaissance de Dieu et les choses divines, et l'action c'est la manière de se conduire en vertu de cette connaissance[151]. Science et action constituent donc pour lui le chemin qui conduit au bonheur, surtout dans l'au-delà. Alors qu'à notre époque, ces deux termes portent un sens différent. Car l'on désigne par science les sciences naturelles et par action l'application de cette science moyennant les appareils techniques[152].

Peu importe pour les premiers Arabes, qui tiraient fierté de leur langage, que la proposition signifie quelque chose en rapport avec le monde de la nature, vu qu'elle est une chose en soi et non un instrument de connaissance. Entre le langage et la rénovation de la pensée arabe existe un lien intrinsèque, surtout que le langage est la pensée elle-même dont le changement est fonction du langage et de sa logique[153]. La pensée est inséparable du langage. C'est le rapport de la lanterne avec la lumière ou de celui de la fleur avec son parfum. L'on constate que l'ambigüité dans la parole implique une ambigüité dans la pensée et le contraire est vrai[154].

Dans une époque où règne un esprit religieux mystique qui se préoccupe de la recherche de l'invisible et de l'immuable derrière l'apparence et le changeant, la mentalité religieuse fait du langage un instrument qui assure cette relation avec le surnaturel. Elle n'en use pas pour communiquer avec les faits. Tandis que dans une époque où prédomine un esprit scientifique séculier, un langage différent est utilisé en vue de connaître le réel et d'expliquer la

---

[150] Cf. *Ibid.*, p. 177.
[151] Cf. *Ibid.*, p. 346.
[152] Cf. *Ibid.*, p. 180.
[153] Cf. *Ibid.*, p. 205.
[154] Cf. Z. Mahmûd, *Pensées et attitudes*, *op. cit.*, p. 188.

nature[155]. Le passage d'une étape historique et culturelle à une autre nécessite donc un changement de l'outil qu'est le langage. Sans oublier que le langage renforce les rapports entre les individus dispersés d'un même peuple et constitue un moyen d'expression et de communication. Elle n'est pas uniquement au service du commerce ou de l'industrie.

Z. Mahmûd fait pourtant remarquer que le rapport étroit entre la pensée et le langage ne signifie pas que toute parole prononcée est une pensée. Tant de sons proférés demeurent absurdes s'ils ne sont pas en rapport avec la pensée. Tel le verbalisme ou le psittacisme qui consiste à reproduire des sons sans comprendre leur sens. D'où la distinction à établir entre le *qawl* (ce par quoi les lèvres remuent) et le *kalâm* (énonciation entière et significative)[156]. Ce qui nous rappelle, à quelques nuances près, la distinction instituée par les linguistes contemporains, et à leur tête Ferdinand de Saussure, entre le signifiant, en tant que signe linguistique, et le signifié comme concept que représente le signifiant.

Une seconde distinction doit être établie, selon Z. Mahmûd, entre une énonciation « qui lie la parole (*kalâm*) à la réalité extérieure sensible et l'énonciation qui lie la parole à une autre parole »[157]. Ce deuxième type d'énonciation ne correspond pas à ce qui se passe dans le cours de la vie pratique. Ce sont les termes et leur structure mélodieuse qui comptent, sans permettre au lecteur de passer d'une idée à une autre qui convient aux situations de la vie quotidienne. Les syllogismes formels en constituent un exemple typique.

Si notre auteur dénonce donc la parole qui n'est liée qu'à une autre parole, c'est parce qu'elle se réduit à des constructions verbales qui ne disent rien des choses. C'est, selon lui, le cas de la langue arabe, celle du patrimoine littéraire, qui est toujours utilisée par un grand nombre de penseurs et d'hommes de lettres. Cette langue classique littéraire ne constitue pas un outil qui se rapporte à la vie des hommes et à leurs problèmes quotidiens, ni un moyen de communication entre l'écrivain et le lecteur. Elle est plutôt rattachée au domaine de l'art pur. Elle est une sorte de mélodie qui

---

[155] Cf. Z. Mahmûd, *Rénovation de la pensée arabe, op. cit.*, p. 206.
[156] Cf. *Ibid.*, p. 215.
[157] *Ibid.*, p. 216.

transporte vers l'infini et l'absolu, usant des abstractions qui éloignent de la réalité concrète[158].

Que dire alors des sciences de la nature dont le langage n'échappe jamais à l'abstraction ? La réponse est que les sciences sont fondées sur le réel sensible et y retournent toujours pour vérifier leur énonciation abstraite. Telle la loi scientifique abstraite qui est dégagée de l'analyse du monde sensible auquel elle s'applique. Ce qui n'est pas le cas des termes abstraits, tel le terme d'immortalité, qui demeurent détachés du réel sensible et dont le contenu est dénué de tout sens[159].

5. Des obstacles à surmonter

En vue de réussir cette intégration culturelle, à savoir l'arabité et la contemporanéité, il est d'abord nécessaire de discerner les types de conduite qu'il faut maintenir du patrimoine. Lesquels ne s'opposent pas aux types de conduite imposés par la science contemporaine. La méthode positiviste est elle-même un moyen efficace conçu dans le but de délivrer les esprits des superstitions et des préjugés. Éliminer les erreurs et rompre avec les obstacles qui entravent une telle démarche s'imposent comme une nécessité. Quelle que soit la source de la connaissance, la condition *sine qua non* de toute connaissance vraie est de supprimer la cause des erreurs. C'est lorsque le vrai apparaît dans sa clarté que le faux disparaît immédiatement[160]. Remarquons, à ce propos, que ce point de vue se rapproche du concept de l'idée vraie qu'analyse Spinoza dans son ouvrage *La réforme de l'entendement*. Ce philosophe européen vise à guérir l'entendement et à le purifier de toute idée fausse ou fictive pour n'appréhender que l'idée vraie. Celle-ci, en tant qu'idée adéquate, claire et distincte, a sa certitude en elle-même, comme le cas de la lumière qui fait paraître elle-même et dissipe par le fait même les ténèbres.

Pourquoi ne pas imiter le modèle de certains penseurs occidentaux ? Socrate, par exemple, veut établir une méthode rationnelle qui réfute le subjectivisme des sophistes. C'est grâce à sa méthode ironique et maïeutique qu'il cherche à chasser les

---

[158] Cf. *Ibid.*, p. 221.
[159] Cf. *Ibid.*, p. 222.
[160] Cf. *Ibid.*, p. 22.

erreurs des esprits[161]. À partir de l'époque de la Renaissance européenne, c'est la méthode scientifique qui s'est imposée en vue de dégager les lois de l'univers et de dominer la nature. Méthode qui rompt avec la vision médiévale qui tenait à dégager les résultats des textes déjà imposés ou révélés. C'était un effort vain, car le chercheur ne fait que commenter ce qui est écrit sans avoir besoin de sortir de sa bibliothèque ou de son couvent pour consulter les faits de la nature[162]. Comme si ces textes représentaient la vérité absolue à laquelle il faut se référer.

Malgré la différence de leurs méthodes, Descartes et Bacon s'emploient à déraciner les causes de l'erreur : illusions, caprices, soumission aux autorités, précipitation, prévention, fanatisme, etc[163]. Pour aboutir à l'authenticité, les Arabes sont appelés à libérer leurs esprits de ce que Bacon nomme les « idoles », c'est-à-dire des chaînes et des préjugés qui font obstacle aux idées nouvelles. Z. Mahmûd adopte l'attitude des épistémologues contemporains qui incitent à débarrasser les esprits des entraves qui paralysent leur façon d'étudier objectivement l'objet. Il reprend, en particulier, le point de vue de Bacon, posé déjà sous une autre forme par Platon, au sujet des « idoles de la caverne » pour critiquer la vision altérée de l'individu à l'égard du monde. Vision toute imprégnée du subjectivisme et d'éducation faussée[164].

Malgré les réserves qu'il fait à l'égard de la philosophie de Ghazâli, il ne s'empêche pas de remarquer que ce dernier consacre une place particulière à la méthode scientifique censée être imitée par les Arabes. Cette méthode précède celle de Bacon et de Descartes, du fait qu'elle fait appel au doute qui conduit à une vérité évidente et au rejet de l'argument d'autorité. Sa méthode qui commence donc par le doute vise à aboutir à des certitudes premières à partir desquelles l'on tire des conclusions nécessaires.

Au lieu de recourir à l'imitation aveugle, les Arabes doivent user du jugement de la raison. La liberté d'opinion ne saurait être réservée au pouvoir politique. C'est pourquoi il s'agit d'abandonner la tyrannie de ce pouvoir. Soulignons, dans ce contexte, la grande influence qu'a exercée la pensée de Bertrand Russell sur celle de Z. Mahmûd au sujet de la nécessité de lutter contre tout type

---

[161] Cf. *Ibid.*, p. 23.
[162] Cf. *Ibid.*, p. 54.
[163] Cf. *Ibid.*, p. 25.
[164] Cf. Z. Mahmûd, *Pensées et attitudes*, op. cit., p. 98.

d'oppression qui accable la liberté humaine[165]. Cette oppression se manifeste dans le poids des traditions sociales périmées et dans le despotisme des gouvernements qui n'accordent pas la priorité aux intérêts du peuple[166]. L'admiration qu'il voue à Russell se laisse justifier dans la pensée critique dont jouit ce penseur. Laquelle est propre à préparer le terrain à un changement des conditions sociales et à un changement des idées figées[167].

La pensée ne porte pas un aspect absolu, mais un caractère relatif du fait qu'elle est essentiellement un dialogue, une vacillation entre le oui et le non. Son caractère relatif provient de la dialectique question-réponse. Controverse qui caractérise la liberté de pensée. On trouve rarement ce libre dialogue dans le patrimoine arabe, étant donné que c'est l'identification de la personne avec ses idées qui en est la caractéristique principale. Le détenteur du pouvoir politique est lui-même l'auteur de toute opinion, empêchant à quiconque d'avoir une opinion différente de la sienne[168].

Un autre obstacle à surmonter est la domination du présent par le passé. Une telle domination se manifeste par la prééminence des morts sur les vivants, par la survalorisation de l'ancien au-dessus de sa valeur d'utilité, par la sacralisation des écritures religieuses, par l'illusion de la célébrité. La raison ne pourrait pas être sacrifiée à la tradition. Il s'agit de rompre avec le pouvoir mental du passé qui se manifeste dans des textes et des coutumes, surtout lorsque ce pouvoir est pris comme critère de vérité[169]. Cette domination se révèle également par les emprunts que les Arabes font aux autres et qui n'est effectivement qu'une sorte de rumination, de répétition et de commentaire du commentaire. Rares sont les œuvres originales qui montrent de l'authenticité et de la créativité. La mémorisation, l'érudition et la transmission constituent le fondement du système culturel arabe[170].

Un troisième type d'erreur qu'il s'agit d'éliminer est la croyance au miracle et à la magie contre les lois naturelles qui régissent les phénomènes. Ainsi la magie consiste à expliquer les évènements par autre chose que par leurs causes naturelles. C'est une

---

[165] Cf. Z. Ma<u>h</u>mûd, *Bertrand Russell*, Égypte, Dâr al-ma'âref, 1955, p. 16.
[166] Cf. Z. Ma<u>h</u>mûd, *Pensées et attitudes*, *op. cit.*, p. 17.
[167] Cf. *Ibid.*, p. 18.
[168] Cf. Z. Ma<u>h</u>mûd, *Rénovation de la pensée arabe*, *op. cit.*, p. 27.
[169] Cf. Z. Ma<u>h</u>mûd, *Une nouvelle société, ou c'est la catastrophe*, *op. cit.*, p. 17.
[170] Cf. Z. Ma<u>h</u>mûd, *Rénovation de la pensée arabe*, *op. cit.*, p. 53.

expression d'un des moments de l'irrationnel[171]. Les savants n'en sont pas dispensés, vu qu'ils continuent d'y croire même après leur sortie des laboratoires. Si leur attitude est reprochable, c'est que leurs connaissances scientifiques ne leur ont pas permis de se distinguer de la naïveté des Anciens. Bien que la magie et la science croient en la causalité, il n'en reste pas moins que la magie rapporte le phénomène à une cause mystérieuse ou métaphysique. Par contre, la science rapporte le phénomène sensible à des causes sensibles[172]. C'est la magie qui reste actuellement prédominante. Une véritable connaissance scientifique exige donc d'abandonner les croyances superstitieuses qui constituent un défi au déterminisme scientifique.

Z. Mahmûd appelle les Arabes à ne retenir de l'héritage des Anciens que leur manière rationnelle de voir les choses. Car à l'encontre de l'irrationnel qui est admis ou rejeté en fonction de l'humeur du moment, le rationnel ne varie pas[173]. Les Arabes ne connaîtront jamais une véritable révolution mentale s'ils ne parviennent pas à se libérer de ces obstacles et à débarrasser leurs esprits de ces erreurs et idoles. Cette révolution exige la substitution d'un nouveau système à l'ancien. Système détaché de la domination du passé et des textes figés et hérités. Système dont le critère est l'évaluation des résultats pratiques et futurs à la lumière de notre vie concrète et notre expérience immédiate, sensible ou rationnelle[174]. Le regard devrait être porté sur l'avenir et non sur le passé dont on peut, à la rigueur, s'inspirer sans pourtant y emprunter les règles et les lois. L'édification d'un fort bâtiment nécessite donc de supprimer entièrement les ruines et d'entreprendre une construction sur des fondations solides[175].

---

[171] Cf. Z. Mahmûd, *Le rationnel et l'irrationnel dans notre patrimoine intellectuel*, *op. cit.*, p. 403.
[172] Cf. Z. Mahmûd, *Rénovation de la pensée arabe*, *op. cit.*, p. 24.
[173] Cf. Z. Mahmûd, *Le rationnel et l'irrationnel dans notre patrimoine intellectuel*, *op. cit.*, p. 460.
[174] Cf. Z. Mahmûd, *Une nouvelle société, ou c'est la catastrophe*, *op. cit.*, p. 18-19.
[175] Cf. *Ibid.*, p. 27.

Chapitre troisième
Évolution de la maturation de la pensée

C'est en examinant l'évolution de la manière de voir et de penser des premiers Arabes, entre le VIIe et le début du XIIe siècle, que Z. Mahmûd établit le parallélisme des périodes traversées par la pensée arabe et des étapes de maturation de la pensée en général. Le plan de route lui a été inspiré par un verset coranique qui est le verset de la lumière, tel qu'il est commenté par Ghazâli dans son ouvrage *Niches de la lumière*[176]. C'est que dans ce verset sont indiqués les degrés de la connaissance « à travers lesquels avancent progressivement un individu dans son développement intellectuel ainsi qu'une nation ou une culture dans le cheminement de sa maturation »[177]. La lumière est la faculté de connaître clairement et vivement. Or cette faculté varie selon les individus et en fonction de leur capacité de saisir plus ou moins distinctement les vérités.

Quant aux degrés franchis dans la voie de la connaissance, ils sont symbolisés par les termes du verset de la lumière, interprété ainsi par Ghazâli, à savoir la niche, le luminaire, le globe de verre et l'olivier[178]. La niche est l'équivalent de la connaissance par les sens, le luminaire est celui de la raison qui saisit les significations abstraites, le globe de verre symbolise l'imagination ou la mémoire, en tant que faculté de conserver les perceptions sensibles pour les présenter à la raison au moment voulu, et enfin l'olivier ou l'arbre béni désigne l'intellect qui opère la synthèse des sciences rationnelles. L'arbre est une puissance en soi, proche de l'intuition. Il est une sorte de révélation divine[179].

1. Étapes évolutives de la pensée arabe ancienne

À ces degrés de connaissance correspondent quatre périodes dans l'histoire des anciens Arabes. Et à chacune de ces périodes correspond une question centrale constituant l'axe de réflexion qui préoccupait les hommes de ces époques.

---

[176] Cf. Z. Mahmûd, *Le rationnel et l'irrationnel dans notre patrimoine intellectuel*, op. cit., p. 20.
[177] *Ibid.*, p. 21.
[178] *Ibid.*, p. 9 et p. 22.
[179] *Ibid.*, p. 22-23.

Le septième siècle témoigne « d'éclairs spontanés créateurs »[180] qui permettent aux Arabes de résoudre leurs problèmes sociopolitiques par le bon sens spontané[181]. C'est la niche de la saisie immédiate ou spontanée dans laquelle s'imbriquent la littérature, la philosophie, la chevalerie et la politique. Aspects réunis dans la personne exemplaire de 'Alî. Le problème crucial était de savoir qui est le seul ayant droit au pouvoir et comment appliquer la sanction de manière à maintenir la justice telle qu'elle est voulue par Dieu. D'autres thèmes ont constitué également un objet de réflexion pour les anciens Arabes, à savoir Dieu, le monde et l'homme. Toutefois, la façon de résoudre tous ces problèmes ne relèvent pas de la philosophie conceptuelle et abstraite proprement dite, mais de la sagesse qui découle de l'expérience personnelle et vivante. Une sagesse imbibée d'un vécu personnel et singulier ainsi que d'une saisie immédiate de la pensée et exprimée dans un genre littéraire[182].

Le huitième et le neuvième siècle connaissent « l'ordre, la division, la fondation des règles utilisées pour la démonstration »[183]. Époque marquée par la réflexion rationnelle qui cherche à ramener les expériences partielles et singulières à des jugements généraux qui les englobent. La généralisation est un élément constitutif de la méthode scientifique, voire de la science elle-même. C'est que la science se définit moins par ses objets qui varient d'un domaine scientifique à un autre que par sa méthode qui, après avoir analysé minutieusement son objet, vise en dernier lieu la généralisation. Laquelle ne peut jamais omettre le recours au monde des faits. C'est « le luminaire de la raison dans la niche de l'expérience »[184]. Les règles relatives à la langue et à la littérature caractérisent surtout cette période de l'histoire. Ainsi la connaissance scientifique de cette époque se révèle surtout dans son application au champ de la langue et de la poésie[185].

Les problèmes qui tourmentaient également les Arabes étaient plutôt d'ordre juridique et politique, surtout en ce qui concerne le problème des grandes fautes soulevé à la suite du conflit sanglant entre les musulmans dans les batailles du Chameau ('Alî contre

---

[180] *Ibid.*, p. 26.
[181] Cf. *Ibid.*, p. 9.
[182] Cf. *Ibid.*, p. 30-31.
[183] *Ibid.*, p. 26.
[184] *Ibid.*, p. 59.
[185] Cf. *Ibid.*, p. 61.

'A'isha) et de Ṣiffīn ('Alî contre Mu'âwiya), et qui revêtait un cachet théologique[186]. L'opposition entre musulmans ne se réduisait pas seulement au problème des responsables des grandes fautes, mais se prolongeait en des problèmes métaphysiques qui se rapportaient à la question des attributs divins et à celle de la volonté libre et responsable de l'homme[187].

Z. Maḥmûd s'arrête à quelques aspects typiques de la vie intellectuelle de ce temps en les analysant, telles que les œuvres d'al-'Allâf, al-Naẓẓâm et al-Jâḥiz. Mais il accorde une importance particulière à ce dernier auquel il consacre de longues pages tout en le comparant à Voltaire par son ironie et son rationalisme rigoureux. Il le considère comme un géant de la pensée qui a pu assimiler toute la culture de son temps, en la soumettant à la critique et en y apportant des modifications[188]. Il constituait aussi un tournant dans la pensée arabe, du fait qu'il a pu débarrasser la culture arabe de l'hégémonie de la poésie pour la fonder sur le caractère scientifique de la prose[189]. Bien que les problèmes des anciens Arabes soient différents des nôtres, Z. Maḥmûd exhorte ses contemporains à en méditer le cadre et la vision rationnels ainsi que la déduction logique.

Le dixième siècle atteste l'élaboration des principes philosophiques englobants qui transcendent les règles dispersées[190]. Alors que la première étape sur la voie de la raison s'effectue par une connaissance spontanée qui se dispense de recourir à la démonstration, la deuxième étape est celle de la réflexion rationnelle qui s'appuie sur une méthode scientifique. La troisième étape, dont il s'agit ici, est un prolongement de la précédente, mais avec cette différence qui consiste à passer du niveau des sciences à celui de la philosophie. C'est là où « la réflexion rationnelle va s'élever des prémisses immédiates à des prémisses plus générales, c'est-à-dire elle va s'élever du niveau des sciences à celui de la philosophie »[191]. C'est la période de « l'astre brillant comme un joyau »[192] qui atteste une abondance de production intellectuelle.

---

[186] Cf. *Ibid.*, p. 63.
[187] Cf. *Ibid.*, p. 78.
[188] Cf. *Ibid.*, p. 148.
[189] Cf. Z. Maḥmûd, *Les soucis des cultivés, op. cit.*, p. 6.
[190] Cf. . Z. Maḥmûd, *Le rationnel et l'irrationnel dans notre patrimoine intellectuel, op. cit.*, p. 26.
[191] *Ibid.*, p. 175.
[192] *Ibid.*, p. 269.

Le problème central de cette période était celui de la culture arabe qui se veut une culture mondiale. Autrement dit, la culture arabe serait-elle pure ou bien alimentée par plusieurs affluents pour devenir une culture universelle valable pour tout homme ?[193]

Z. Mahmûd examine plus ou moins longuement, et d'une manière chronologique, les points de vue des philosophes de cette période, tels que Ikhwân al-Safâ, Abû Hayyân al-Tawhîdî, 'Uthmân Ibn Jinnî, 'Abd al-Qâhir al-Jurjânî, Kindî, Fârâbî et Ibn Sînâ ainsi que les controverses théologiques entre les mu'tazillites d'un côté et les traditionnistes et râfidites de l'autre, pour aboutir à la position mitoyenne adoptée par al-Ash'arî. Ce débat a revêtu un aspect rationnel, du fait qu'il s'effectue au moyen de preuves logiques. Notre auteur prête surtout attention à Ikhwân al-Safâ auquel il consacre une trentaine de pages. En plus de leur objectif de montrer la non contradiction de la loi islamique et de la philosophie grecque, leur tendance à la réflexion rationnelle les conduit à la tolérance religieuse[194]. En tant que positiviste, il approuve leur théorie de connaissance selon laquelle la connaissance est basée sur les impressions fournies par les sens, puis sur la raison à partir des sens. Il leur emprunte cette idée expérimentaliste, empiriste et matérialiste de la connaissance : « Ce que les sens ne peuvent jamais saisir, l'imagination ne peut se le représenter, et partant la raison ne peut le concevoir »[195]. C'est une attitude originale que l'on rencontre ultérieurement chez Hume, chez John Stuart Mill et les partisans du positivisme logique.

Le onzième siècle, qui est comparé à l'arbre béni, « recourt à l'intuition pour accéder au vrai par une vision mystique »[196]. Ici la raison arrive à ses limites puisqu'elle va être dépassée par une vue mystique. L'astre brillant de la période précédente reçoit sa lumière de l'arbre béni dont « l'huile est sur le point de s'allumer même si elle n'est pas touchée par un feu, c'est-à-dire que la connaissance reçoit sa flamme d'une source intérieure subjective »[197].

Le représentant par excellence de cette période est Ghazâlî dont l'œuvre est marquée à la fois par une méthode scientifique rigoureuse et par une force réactionnaire qui a figé, des siècles

---

[193] Cf. *Ibid.*, p. 10.
[194] Cf. *Ibid.*, p. 179.
[195] *Ibid.*, p. 186.
[196] *Ibid.*, p. 26.
[197] *Ibid.*, p. 317.

durant, la spontanéité créatrice des individus, à telle enseigne qu'il définit en détails la conduite idéale censée être suivie par le musulman[198]. Admirant l'œuvre colossale de Ghazâlî, malgré les critiques qu'il lui adresse, Z. Mahmûd voit en lui l'arbre béni du patrimoine de la pensée arabe. Après que Ghazâlî examine les positions de ses contemporains et rejette, tour à tour, celles des théologiens et des philosophes, il ne retient que la voie mystique en son principe et sa méthode.

Notre auteur analyse d'abord la méthode scientifique de Ghazâlî. Méthode qui a précédé cinq siècles celle de Descartes et de Bacon et dont on retrouve les mêmes règles et conditions chez ces deux penseurs occidentaux. Ainsi Ghazâlî affirme, avant Descartes, que l'idée évidente est celle qui résiste au doute, et il rejette, avant Bacon, les arguments d'autorité. Sa méthode est, par excellence, cartésienne du fait qu'elle est basée sur la nécessité de douter de tout ce qu'on a déjà acquis ; ensuite sur la nécessité de partir des certitudes premières saisies intuitivement et enfin sur la nécessité de dégager les conclusions nécessaires et certaines. Une telle méthode est le propre de la méthode mathématique qui consiste à partir des propositions premières pour aboutir à des conclusions qui en découlent nécessairement[199]. D'ailleurs, Ghazâlî n'admet pas le recours à la religion pour critiquer la science dont les vérités certaines ne sauraient être démenties par la religion. Car celui qui cherche à invalider la science sous prétexte de défendre la religion ne fait que discréditer cette dernière[200].

Cependant Z. Mahmûd, en tant que partisan du positivisme et de l'empirisme, reproche à Ghazâlî ainsi qu'à Descartes le doute qu'ils appliquent à la véracité des sens. Car une erreur qu'on attribue aux sens et qu'on croit rectifier par la raison est, en fait, « une erreur dans le raisonnement et non dans la perception sensible »[201]. Autrement dit, ce ne sont pas les sens qui nous trompent, mais c'est plutôt le jugement, interprétant les données des sens, qui nous entraîne dans l'erreur. Ce qui est donc en mesure de rectifier le jugement ou le raisonnement intellectuel est le recours à une nouvelle observation.

---

[198] Cf. *Ibid.*, p. 318.
[199] Cf. *Ibid.*, p. 320-322.
[200] Cf. *Ibid.*, p. 321.
[201] *Ibid.*, p. 324.

L'expérience vécue de l'observateur ne saurait être erronée, même si elle diffère de celle des autres observateurs. En fait, dans deux expériences consécutives, saisies par un même sens, deux prises de vue se sont succédé à l'égard d'une même réalité. Chaque prise de vue a sa part de vérité selon sa façon de se présenter au même sens. Ce que la science, de son côté, juge à ce sujet est une autre manière de procéder[202].

Z. Mahmûd reproche également à Ghazâlî d'avoir manqué d'appliquer cette méthode scientifique et rationnelle dans ses propres ouvrages. Son tort est d'être parti des citations des Anciens sur lesquelles il s'appuie pour exposer ce qu'il a à dire. « Dans lequel de ses ouvrages, s'interroge Z. Mahmûd, Ghazâlî a-t-il commencé par poser les vérités premières et évidentes pour garantir les résultats qui en découlent »[203] ? Il commet, de la sorte, la même erreur dont il nous a prévenus et qui est celle d'éviter l'argument d'autorité ou les dires des Anciens comme étant des certitudes[204].

D'ailleurs, il est vrai que Ghazâlî a soulevé la question du principe de causalité sept siècles avant Hume, à tel point qu'il est possible de comparer les points de vue des ces deux penseurs sur ce sujet. Ils nient effectivement ce principe en lui substituant la succession constante de deux phénomènes ou évènements. La connexion nécessaire entre les phénomènes est remise en doute par ces penseurs. La notion de cause se réduit ainsi à un simple rapport de succession entre deux phénomènes. C'est une question d'habitude ou d'accoutumance que de voir les phénomènes associés. En d'autres termes, à force de voir deux phénomènes se suivre, on croit en inférer des relations considérées comme nécessaires. Or effectivement chaque phénomène est indépendant de l'autre[205].

La raison pure est donc dans l'impossibilité de dépasser les limites des faits réels en prétendant la présence du rapport de cause à effet. L'expérience sensible est seule de nature à nous renseigner, non sur le rapport de causalité, mais sur la succession des deux phénomènes[206]. Car on ne trouve jamais entre les phénomènes

---

[202] Cf. *Ibid.*, p. 324-325.
[203] *Ibid.*, p. 334.
[204] Cf. *Ibid.*, p. 335.
[205] Cf. *Ibid.*, p. 338-339.
[206] Cf. Z. Mahmûd, *David Hume, op. cit.*, p. 71-72.

« une qualité qui laisse son impression sur nos sens et qui devient celle qui relie la cause à l'effet de sorte que cet effet soit le résultat nécessaire de la cause qu'il suit toujours »[207]. C'est dire que la notion de force ou d'énergie cachée qui n'est autre que la cause d'un phénomène ne peut pas être déduite par la raison pure, du fait que l'expérience sensible ne la manifeste pas.

Prévoir l'apparition d'un fait dans le futur à la lumière de sa succession passée à un autre fait ne saurait être le résultat d'une nécessité rationnelle. C'est tout simplement une prévision basée sur la probabilité. Laquelle s'élabore à partir d'un raisonnement inductif qui n'admet pas que la conclusion doit être nécessairement impliquée dans les prémisses, comme c'est le cas du raisonnement déductif. Or une conclusion devrait véhiculer un élément nouveau non inclus dans la prémisse, c'est-à-dire un ajout que l'on tire de l'expérience sensible. Ce qui fait que les jugements qui concernent le réel physique sont probables et non certains[208].

Il n'en est pas moins vrai que la convergence de ces deux points de vue ne doit pas dissimuler leur différence. Alors que Hume, qui peut être justement considéré comme le promoteur de la philosophie positiviste, s'arrête à ce niveau dans son analyse en ramenant la causalité à l'expérience et à l'habitude contractée dans l'esprit humain, Ghazâlî explique que la conjonction des phénomènes ne se réduit pas seulement à l'accoutumance de les voir associés. Car tout dépend du jugement de Dieu et de l'intervention de la volonté divine. Dieu demeure ainsi le seul agent qui décide de la liaison des phénomènes. Ghazâlî détruit, de la sorte, l'idée de la loi scientifique, vu que toute anticipation possible des phénomènes est annulée malgré la présence de toutes les conditions naturelles favorisant la production du phénomène[209].

Il s'ensuit que Ghazâlî craint que l'examen rationnel rigoureux et la déduction logique entraînent une opposition avec les principes de la religion. C'est pourquoi il n'hésite pas à infirmer l'analyse rationnelle lorsqu'il devine qu'elle est susceptible de porter atteinte à une question de foi[210]. Car derrière le côté rationnel, le dernier mot revient à sa foi religieuse. Il n'admet

---

[207] *Ibid.*, p. 86.
[208] Cf. *Ibid.*, p. 74-75.
[209] Cf. Z. Mahmûd, *Le rationnel et l'irrationnel dans notre patrimoine intellectuel, op. cit.*, p. 340-343.
[210] Cf. *Ibid.*, p. 337 et p. 343.

l'enseignement fourni par la raison qu'au cas où il ne contredit pas les données de la foi.

2. Les degrés de la connaissance

La description analytique et détaillée qu'a faite Z. Maḥmûd de l'évolution de la pensée arabe traditionnelle se conforme en quelque sorte, comme nous venons de le voir, aux degrés ascendants de la connaissance. Laquelle débute par les sens pour passer ensuite au niveau de la raison, puis, chez certains, elle transcende les aspects sensibles et rationnels pour prendre un aspect intuitif et mystique. La connaissance par la raison se situe donc entre une connaissance première spontanée fournie par les sens et une autre donnée par voie intuitive.

Z. Maḥmûd prend à l'appui le point de vue du philosophe anglais Alfred North Whitehead qui traite, dans son ouvrage *Les objectifs de l'éducation*, les degrés par lesquels passe la connaissance humaine au cours des étapes de l'enseignement[211]. Whitehead en dégage trois caractéristiques qu'expérimente l'apprenti dans sa formation. Premièrement, l'apprentissage chez l'enfant se caractérise par une spontanéité créatrice où il exerce efficacement tous ses sens. C'est lorsqu'il sort de son enfance qu'il commence par rassembler les règles qui organisent ce qu'il a abondamment et indistinctement acquis. Après avoir suffisamment groupé les règles, il aspire à les dépasser par le recours à des principes généraux qui les englobent[212].

Les étapes parcourues dans l'enseignement scolaire et universitaire correspondent aux phases d'acquisition que connaît l'individu. Ainsi, la première étape de spécialisation scolaire, qui est celle de l'acquisition encore arbitraire et irrégulière, se déroule jusqu'à la fin du cycle complémentaire. La connaissance demeure plus ou moins confuse. Puis arrive la deuxième étape, à savoir celle du cycle secondaire, qui consiste à fournir, sous forme de règles et de lois, des fondements scientifiques à ce qui est déjà acquis. C'est l'étape d'analyse du tout en des parties et de la saisie des rapports entre elles. Et enfin, la dernière phase, qui est celle de la formation universitaire, cherche à fonder ces règles sur des principes généraux explicatifs qui permettent une vision plus claire et

---

[211] Cf. *Ibid.*, p. 24.
[212] Cf. *Ibid.*

globale. C'est une nouvelle synthèse basée sur l'analyse. L'exemple dont se sert Whitehead pour illustrer ces différentes étapes est celui de l'acquisition du langage. D'abord l'enfant en saisit simplement et spontanément les termes et les phrases. Puis vient l'acquisition des règles qui contrôlent les premiers acquis. Enfin, l'individu parvient, dans sa maturité, à maîtriser la langue et à saisir la manière de l'utiliser[213].

L'analogie est claire entre les degrés de connaissance tels qu'ils sont décrits par Whitehead et, avant lui, par Ghazâlî dans son interprétation du verset de la lumière. Or la seule différence réside en ce que ce dernier ajoute un quatrième degré qui est celui de la contemplation intuitive et mystique.

3. Priorité de la raison

La renaissance arabe débuta le jour où ses pionniers ont appelé au réveil de la raison et au rejet de la superstition qui lie les effets à des causes qui leur demeurent étrangères[214]. S'en tenir aux causes irréelles d'un phénomène demeure une tentative vaine. En revanche, dévoiler rationnellement les véritables causes d'un fait fournit à l'homme la possibilité d'agir efficacement et de remédier au problème posé. La raison constitue ainsi la base innée qui distingue l'homme de tous les autres êtres vivants et sur laquelle il faut s'appuyer pour discerner le vrai et le faux[215]. C'est que la ligne de démarcation qui sépare l'humanité de l'animalité réside dans le langage qui est l'élément constitutif et inséparable de la pensée[216].

L'on constate cette tendance à se prévaloir de la raison et à se servir d'un nouveau système de pensée dans les essais de certains penseurs arabes, en particulier des hommes de lettres. Lesquels ont tâché de faire la synthèse des deux cultures arabe et occidentale. Ainsi Muḥammad 'Abduh voulait penser le patrimoine religieux à la lumière du siècle de façon à ce que l'islam paraisse en harmonie avec la nouvelle vision scientifique de l'Occident[217]. Il prend la raison pour arbitre en vue d'interpréter clairement, à la lumière de la logique rationnelle, les dogmes fondamentaux de l'islam. Il voit

---

[213] Cf. *Ibid.*, p. 25-26.
[214] Cf. Z. Maḥmûd, *Pensées et attitudes, op. cit.*, p. 9.
[215] Cf. Z. Maḥmûd, *Le rationnel et l'irrationnel dans notre patrimoine intellectuel, op. cit.*, p.8.
[216] Cf. Z. Maḥmûd, *Rénovation de la pensée arabe, op. cit.*, p. 230.
[217] Z. Maḥmûd, *Pensées et attitudes, op. cit.*, p. 58.

qu'en islam le premier fondement est l'examen rationnel qui doit être présent là où il y a opposition entre la raison et le sens apparent de la loi. Il s'agit d'interpréter ce sens en conformité aux exigences de la raison. La priorité est donc à accorder à la raison et à ses jugements[218]. De même al-'Aqqâd s'est servi de sa double culture, arabe et occidentale, unifiée ensemble en vue de faire l'apologie de l'islam. Tâha Husayn, pour sa part, critiquait l'ancienne littérature arabe à la lumière de la pensée moderne. Tawfîq al-Hakîm cherchait également, dans ses pièces de théâtre, à unir l'esprit et la matière, l'éternel et le contingent[219]. Des siècles avant ces penseurs, Ghazâlî avait montré que lorsque le sens apparent de la loi est incompatible avec le jugement de la raison, l'interprétation est censée en chercher le sens caché[220].

3.1. Caractéristiques de l'attitude rationnelle

Malgré les critiques qu'il adresse à Ghazâlî, Z. Mahmûd retient de lui les significations qu'il accorde à la raison. Celle-ci n'a pas donc un seul sens, mais comprend quatre significations. En premier lieu, la raison, en tant que faculté qui distingue l'homme des bêtes, est « la disposition de l'homme à recevoir les sciences théoriques et à utiliser les techniques fondées sur une pensée »[221]. En second lieu, elle se manifeste dans le discernement de ce qui peut avoir lieu et de ce qui est impossible d'arriver, ainsi que dans la capacité à saisir des vérités premières évidentes comme le fait de dire que deux est plus que un ou qu'une même personne ne saurait être présente, en même temps, dans deux lieux différents[222]. En troisième lieu, la raison, qui peut prendre un aspect pratique, est « l'ensemble de l'acquis d'expérience qui permet à l'homme de se servir des choses et de bien s'orienter, en un mot c'est savoir se tirer d'affaire en prenant appui sur son expérience passée »[223]. En dernier lieu, la raison revêt plutôt un caractère moral du fait qu'elle est cette aptitude à « connaître les conséquences des choses, et par la suite l'obligation de réprimer l'appétit qui entraîne un plaisir

---

[218] Cf. Z. Mahmûd, *Une nouvelle société, ou c'est la catastrophe*, op. cit., p. 9.
[219] Cf. Z. Mahmûd, *Rénovation de la pensée arabe*, op. cit., p. 272-273.
[220] Cf. Z. Mahmûd, *Une nouvelle société, ou c'est la catastrophe*, op. cit., p. 10.
[221] Z. Mahmûd, *Le rationnel et l'irrationnel dans notre patrimoine intellectuel*, op. cit., p. 333.
[222] Cf. *Ibid.*
[223] Cf. *Ibid.*

immédiat et un dégât à long terme »[224]. De plus, Z. Mahmûd apprécie, dans le patrimoine arabe, l'attitude de Ghazâlî qui accorde une valeur primordiale aux vérités scientifiques. Lesquelles ne sauraient être contredites par une quelconque parole, quelle que soit sa source, tant que ces vérités sont dégagées par voie de démonstration[225].

Z. Mahmûd remarque pourtant que la raison n'est pas une entité autonome qui se suffit à elle-même[226]. La pensée ne trouve sa raison d'être que lorsqu'il y a un problème qui nécessite d'être pensé et résolu[227]. Elle n'est pas un luxe ou un divertissement ; elle est fonction des problèmes que vivent les gens et qui réclament une solution[228]. C'est lorsque les faits réels s'opposent à la réalisation de nos buts que la pensée surgit pour examiner les moyens susceptibles de modifier les conditions du réel dans l'intention de répondre à nos besoins.

À l'instar du pragmatisme, et en particulier de William James, il voit dans la raison un outil actif et efficace, pareil à n'importe quel autre organe du corps. Un outil dont la fonction est d'assurer l'harmonie entre l'organisme vivant et son milieu de sorte qu'elle lui permette d'assurer sa survie. Si la raison est un mode de conduite, elle n'est autre que le corps qui se conduit activement. Ce qui fait que la dualité entre raison et corps s'efface au profit de l'unité de l'organisme qui se conduit d'une façon déterminée dans son environnement en choisissant les moyens convenables pour atteindre les buts visés[229]. La pensée qui tourne toujours autour d'elle-même n'est pas une véritable pensée. Elle ne le devient que lorsqu'elle sort de sa sphère théorique pour rejoindre le réel et pour servir de moyen de travail et d'exécution[230].

La raison est plutôt une opération, un mouvement qui consiste à passer du signifiant au signifié, d'un moyen à une fin, du connu à l'inconnu, du manifeste au latent, du présent à un avenir ou à un passé[231]. La raison est donc le passage d'une prémisse à une conclusion qui en résulte nécessairement, soit par déduction

---

[224] *Ibid.*, p. 334.
[225] Cf. Z. Mahmûd, *Une nouvelle société, ou c'est la catastrophe, op. cit.*, p. 130.
[226] Cf. Z. Mahmûd, *Rénovation de la pensée arabe, op. cit.*, p. 309.
[227] Cf. Z. Mahmûd, *Pensées et attitudes, op. cit.*, p. 113.
[228] Cf. Z. Mahmûd, *Une nouvelle société, ou c'est la catastrophe, op. cit.*, p. 5 et p.30.
[229] Cf. Z. Mahmûd, *La vie de la pensée dans le Nouveau Monde, op. cit.*, p. 171.
[230] Cf. *Ibid.*, p. 207.
[231] Cf. Z. Mahmûd, *Rénovation de la pensée arabe, op. cit.*, p. 310.

certaine, tel le cas des mathématiques, soit par déduction probable, comme dans le domaine des sciences de la nature[232]. Ainsi, pour les idéalistes ou les rationalistes, « la raison consiste en des principes premiers naturels ou innés qui servent de base aux méthodes de démonstration »[233]. Tel le principe de contradiction qui refuse d'affirmer l'existence et la non existence d'une chose en même temps. C'est grâce à ces principes premiers que l'homme rationnel élabore la logique, et ce en saisissant les liens nécessaires entre une idée et une autre idée qui en résulte. De même, pour les empiristes ou les expérimentalistes, la raison a toujours sa place en tant qu'opération qui consiste à passer d'un point de départ à une conclusion. Tandis que les points de départ en mathématiques sont les postulats, ils sont les perceptions sensibles dans les sciences de la nature.

Z. Mahmûd refuse donc de restreindre le sens de la raison, comme le font les rationalistes rigoureux, à des opérations purement logiques ou abstraites, c'est-à-dire à des rapports uniquement nécessaires entre les idées. Car, à l'instar des empiristes, il accorde aux sens une valeur primordiale dans le champ cognitif. Et cela ne contredit pas la raison. Laquelle est toujours un passage d'un point de départ qui est, en l'occurrence, les choses sensibles à un résultat qui en découle. En un mot, la raison, dans les deux cas, n'est qu'un mouvement de raisonnement, soit déductif soit inductif[234].

L'attitude scientifique, qui n'est qu'une attitude rationnelle et dont les caractéristiques convergent avec celles de la raison, consiste à passer du particulier au général, du concret à l'abstrait. Ainsi, c'est par abstraction que la science passe de l'observation sensible des choses particulières et concrètes pour les englober dans une forme générale qui ne retient que la définition universelle de ces êtres. L'attitude rationnelle ramène le divers à l'unité d'un principe ou d'une cause et réduit l'hétérogène à l'homogène[235]. Elle vise également l'analyse d'une chose en ses éléments les plus

---

[232] Cf. Z. Mahmûd, *Le rationnel et l'irrationnel dans notre patrimoine intellectuel, op. cit.*, p. 361.
[233] *Ibid.*, p. 358.
[234] Cf. *Ibid.*, p. 359-362.
[235] Cf. Z. Mahmûd, *Rénovation de la pensée arabe, op. cit.*, p. 311.

simples de telle sorte qu'on puisse les exprimer dans une formule mathématique[236].

L'activité scientifique cherche donc à aller du phénomène ou de l'évènement à ses causes ou à ses conséquences. En d'autres termes, l'étude scientifique de la nature consiste à observer et à analyser les rapports des différents êtres qui la composent moyennant la pensée inductive qui s'appuie sur l'expérience sensible pour formuler des lois. Mais cela n'implique pas que les lois ou les théories scientifiques sont absolument définitives. Car il se peut qu'elles soient démenties par de nouvelles observations. Ce qui exige la modification de ces lois tout en souscrivant aux impératifs de la raison[237].

Tout cela nous rappelle le point de vue épistémologique de Claude Bernard selon lequel les théories scientifiques « n'étant point la vérité immuable, il faut toujours être prêt à les abandonner, à les modifier ou à les changer dès qu'elles ne nous représentent plus la réalité. En un mot, il faut modifier la théorie pour l'adapter à la nature et non la nature pour l'adapter à la théorie »[238]. La théorie scientifique à travers laquelle le savant se représente la réalité ne doit pas porter le savant à s'y attacher fortement et parfois aveuglément comme étant une vérité absolue. Bien au contraire, il est censé la réviser, voire l'abandonner lorsqu'elle s'avère inadéquate avec la réalité qu'elle représente.

De même, le principe de déterminisme qui énonce que le fait antérieur implique, dans sa nature, l'apparition du fait postérieur, doit être substitué par l'idée de probabilité qui voit que le fait postérieur se succède au fait précédent sans y être naturellement inclus. Il s'ensuit que les lois scientifiques se fondent sur l'observation de la succession des phénomènes. Cette observation décrit ce qui s'est réellement déroulé et non ce qui va inéluctablement arriver. Ainsi les partisans du déterminisme scientifique déclarent que si deux phénomènes A et B se succèdent, il est impossible que A apparaisse sans qu'il soit suivi par B. Tandis que les partisans de la probabilité considèrent que le phénomène B ne peut pas apparaître s'il n'est pas précédé du

---

[236] Cf. Z. Mahmûd, *Le rationnel et l'irrationnel dans notre patrimoine intellectuel*, op. cit., p. 363.
[237] Cf. *Ibid.*, p. 461.
[238] C. Bernard, *Introduction à l'étude de la médecine expérimentale*, Paris, Garnier-Flammarion, 1966, p. 73.

phénomène A, mais le contraire n'est pas vrai, c'est-à-dire que le surgissement de A n'implique pas inévitablement l'apparition de B[239].

Ce ne sont pas uniquement les lois et les principes scientifiques qui doivent être réexaminés, mais aussi la méthode scientifique elle-même. La méthode qu'ont employée les sciences au cours des époques antiques et médiévales s'inspirait du syllogisme aristotélicien où le chercheur part des prémisses supposées vraies pour en déduire une conclusion. Cette méthode fut complètement démantelée avec l'avènement de la Renaissance européenne qui fonde la méthode des sciences de la nature sur l'observation sensible et l'expérience. La méthode inductive se substitue alors à la méthode déductive. Cette méthode a connu encore un changement radical à partir de la deuxième moitié du XIXe siècle où l'équipement technologique de plus en plus perfectionné constitue la base essentielle de toute recherche scientifique. Grâce à ces nouveaux instruments de mesure, l'homme espère pouvoir parvenir à saisir le monde en sa double dimension, l'infiniment petit et l'infiniment grand[240].

À cette attitude scientifique et rationnelle correspond l'attitude humaniste qui a connu son essor durant l'époque de la Renaissance européenne où les individus se sont révoltés contre les valeurs moyenâgeuses prédominantes qui répriment l'individu et son côté vital. L'attitude humaniste se borne à l'observation de la nature au mépris de la métaphysique. Cette nature qu'il faut maîtriser en vertu d'une connaissance scientifique de ses lois. L'humanisme valorise également la liberté de l'homme qui devient le maître de sa destinée. Cette nouvelle attitude n'admet pas la subordination du présent au passé et rejette les superstitions et les illusions en faveur de la science[241].

En dehors de ce passage d'une étape à une autre, la raison demeure absente, surtout que d'autres moyens de connaissance sont présents, à savoir la perception sensible immédiate et la connaissance intuitive qui est une saisie instantanée sans déduction ni démarche discursive, ainsi que la connaissance mystique en tant

---

[239] Cf. Z. Maḥmûd, *Des valeurs du patrimoine*, op. cit., p. 360-362.
[240] Cf. Z. Maḥmûd, *Les soucis des cultivés*, op. cit., p. 30-31.
[241] Cf. Z. Maḥmûd, *Le rationnel et l'irrationnel dans notre patrimoine intellectuel*, op.cit., p. 364-365.

que vision directe et refus d'analyse[242]. Ainsi, les Anglais accordent la priorité à l'expérience des sens, les cultures de l'Extrême-Orient optent pour l'intuition[243]. Tandis que le patrimoine culturel arabe a réuni la raison et la conscience intuitive, caractéristiques de la culture grecque et de la culture extrême-orientale. C'est une intégration de la philosophie d'Aristote au mysticisme de Plotin[244]. On le constate dans la distinction qu'établit l'Arabe entre le ciel et la terre, entre l'infini et le fini, ainsi que dans la poésie arabe qui joint la saisie sensible à la sagesse qui est l'œuvre de la raison.

La raison signifie également « une planification étudiée »[245]. Laquelle n'est justifiable que dans la mesure où s'achèvent la définition des objectifs et l'élaboration d'une étude statistique du réel. Une telle planification permet d'atteindre ces objectifs moyennant les recherches statistiques.

Cependant, la raison ne revêt pas uniquement, pour Z. Maḥmûd, une dimension cognitive et pratique. Elle n'est pas seulement commandée par les nécessités de l'action utilitaire, elle porte également une valeur morale. L'homme idéal est celui qui juge et agit selon les prescriptions de la raison qui s'oppose à la passion. Sans oublier que l'étymologie arabe du terme raison ('aql) renvoie à un sens moral qui veut dire entrave ou lien[246]. Dans le cas où les hommes se laissent emportés par leurs passions, ils vont buter inéluctablement contre des situations conflictuelles où le pouvoir de conviction s'évanouit totalement. Mais dans le cas où ils se laissent guider par les prescriptions de la raison, ils évitent de se mettre en colère et de se battre. La raison, dans ce sens, maîtrise les désirs et les passions. Bien plus, la logique de la raison ouvre la voie à la certitude et à la conviction[247].

Si la perfection de l'être consiste à remplir la fonction pour laquelle il a été fait, la perfection de l'homme se réalise dans l'exercice parfait de la raison. Notre auteur approuve, dans ce cadre, l'idée d'Ibn Miskawayh qui, à la manière des Grecs, attribue à l'âme trois facultés : le désir, la colère et la raison. La raison se situe au degré supérieur. Il lui incombe de contrôler les deux autres

---

[242] Cf. *Ibid.*, p. 373.
[243] Cf. Z. Maḥmûd, *Rénovation de la pensée arabe, op. cit.*, p. 314.
[244] Cf. *Ibid.*, p. 320.
[245] Z. Maḥmûd, *Une nouvelle société, ou c'est la catastrophe, op. cit.*, p. 8.
[246] Cf. Z. Maḥmûd, *Le rationnel et l'irrationnel dans notre patrimoine intellectuel, op. cit.*, p. 401.
[247] Cf. Z. Maḥmûd, *Une nouvelle société, ou c'est la catastrophe, op. cit.*, p. 8.

facultés et de restreindre leur excès. La sagesse de la raison doit aboutir à une action volontaire[248]. Il se réfère également à la définition proposée par al-Jahiz au sujet de la raison dont la fonction essentielle est de serrer la langue pour éviter de tomber dans l'erreur et le mal, comme on attache ('aqala) le chameau par les pieds[249].

3.2. Opposition du rationnel aux divers modes d'irrationnel

Alors que l'attitude rationnelle se délimite aux liaisons causales qui enchaînent les éléments hétérogènes pour aboutir à un résultat déterminé de sorte que chaque étape se situe dans une succession cohérente avec les étapes précédentes et ultérieures, l'attitude irrationnelle est une saisie immédiate et instantanée qui s'effectue sans démarche discursive, c'est-à-dire sans passage des prémisses aux conclusions ou des observations à un jugement[250]. Elle ne tient même pas compte de la réalisation des résultats.

Si on qualifie la culture du XXe siècle, comme le veut Z. Mahmûd, d'irrationnelle, mais dans un sens non péjoratif, c'est parce que les causes de l'irrationnel sont dévoilées, en particulier, par la psychanalyse et la psychologie behavioriste. La première explique la conduite humaine par des sources profondes inconscientes qui déterminent la façon de penser et d'agir de l'individu. L'homme serait un être irrationnel soumis à des pulsions sexuelles. La deuxième, qui ne va pas en deçà de l'apparence du comportement, l'analyse en ses éléments les plus simples. C'est un comportement conditionnel formé par l'association mécanique des stimuli et des réactions[251].

C'est en étudiant profondément et en détail le patrimoine intellectuel arabe que Z. Mahmûd y distingue nettement la voie de la raison de la voie de l'irrationnel. Le rationnel occupe une plus grande place dans la culture traditionnelle arabe. C'est pourquoi il faut retenir pour assurer la continuité entre le passé et le présent. Toutefois, le côté intuitif, qui n'en était pas absent, n'était pas toujours incompatible avec l'aspect rationnel.

---

[248] Cf. Z. Mahmûd, *Rénovation de la pensée arabe, op. cit.*, p. 343-344
[249] Cf. *Ibid.*, p. 310.
[250] Cf. *Ibid.*, p. 373.
[251] Cf. *Ibid.*, p. 368-369.

Dans le patrimoine arabe, l'irrationnel se révèle surtout dans les états intérieurs vécus par les mystiques qui sont parvenus, par une vision intérieure et soudaine du réel, à déchirer le voile qui dissimule la réalité des choses. Z. Maḥmûd se réfère ici à l'idée de Russell qui distingue la mystique et la logique rationnelle. Alors que la première est une saisie immédiate, sans raisonnement ni analyse, la seconde est une connaissance qui s'effectue par étapes et par l'intermédiaire de l'analyse. Si la science ou la raison éclaire les étapes du chemin à parcourir, c'est la conscience affective ou l'intériorité (wijdân) qui pénètre les profondeurs, à telle enseigne que la vérité qui se révèle au mystique ne saurait être comparable à aucune autre vérité et échappe à toute tentative de doute. Ces deux types de connaissance peuvent se trouver chez quelques individus. Platon en est un exemple typique, car il a pu joindre la connaissance par la surface, telle que la révèle la raison, à celle du fond où les principes de raison perdent leur rigueur. Il en est de même chez Héraclite, en qui se réunissent ces deux types de connaissance. Le principe de contradiction, comme principe de raison, ne trouve pas de place dans sa philosophie puisqu'une chose est et n'est pas en même temps, selon sa célèbre formule d'après laquelle on ne se baigne jamais deux fois dans la même eau du fleuve[252].

Z. Maḥmûd ne s'empêche pas de réexaminer la vision mystique. En fait, l'opposition de ces deux types de connaissance n'est pas aussi radicale, comme le veulent les mystiques. Car la vision intuitive qui nous révèle la réalité des choses a besoin d'être révisée rationnellement pour être confirmée ou infirmée. Le rôle de la raison consiste à analyser, à vérifier et à contrôler ce que l'intuition a trouvé en vue de distinguer le vrai du faux. L'on comprend ainsi la raison pour laquelle Z. Maḥmûd refuse la prétention du mystique qui voit que la vérité évidente lui a été révélée. C'est que ce dernier peut en saisir le contraire dans un autre moment. D'où la nécessité d'un autre outil, qu'est la raison, pour examiner et discerner. Il ne faut pas accepter ou refuser aveuglément n'importe quelle vérité avant d'être soumise à une étude rationnelle. Au lieu d'envisager le mysticisme comme étant une vision infaillible et

---

[252] Cf. *Ibid.*, p. 374-376. D'autres caractéristiques distinguent la vision mystique, à savoir la totalité indivisible et inanalysable de l'univers, l'indivisibilité du temps en passé, présent et avenir, la non distinction entre bien et mal grâce à la vue globale de la vérité cosmique unique (p. 379-380).

réfractaire à tout examen critique, il serait instructif de le considérer comme un produit de notre patrimoine, comparable à n'importe quel mode poétique. Ce qui fait que notre façon d'en juger s'appuie sur les mêmes critères par lesquels on juge une œuvre poétique[253].

De plus, le mystique est, selon Z. Maḥmûd, « un homme qui rêve éveillé »[254], incapable, de la sorte, de s'engager dans le monde de l'action ou de réaliser quelque chose dont on peut tirer profit. Ses paroles et ses écrits ne contribuent à aucun progrès de civilisation. Son expérience demeure inutile et ses dires ressemblent à des songes. Le mystique ne tient pas compte des lois de la nature, mais vise son but par des moyens qui dépassent les possibilités de la raison. Alors que l'attitude rationnelle se contente d'observer attentivement et prudemment la nature et de déchiffrer ses lois pour parvenir à la maîtriser[255].

Un autre mode d'irrationnel dans le patrimoine arabe est la magie qui explique les évènements par des causes non naturelles et cherche à produire les résultats d'un phénomène sans agir réellement sur ses véritables causes. Autrement dit, le magicien agit sur la nature par des moyens psychologiques, car la causalité, sur laquelle il se base, est imaginaire. C'est pourquoi il se sert des incantations, des symboles et des recettes pour séduire ou dompter les forces cachées ou les âmes qui, tel qu'il le croit, règlent et animent la nature et la vie[256]. Une autre forme de la magie, mais qui revêt un cachet particulier, se manifeste dans le champ de bataille lorsqu'un peuple ou une communauté cherche à vaincre son ennemi par des cris et des prières qu'il adresse au ciel, au lieu de recourir aux armes sophistiquées ou de développer ses moyens techniques et économiques.

Ce qui est grave, c'est de tomber sur des passages écrits par des grands auteurs qui accordent à la magie une place particulière dans le patrimoine arabe. Ils parlent de la magie et de son influence, comme s'ils traitaient des phénomènes soumis à une étude scientifique. Ainsi, bien que Ikhwân al-Ṣafâ, qui ont vécu au Xe siècle, jouissent d'une vision rationaliste caractérisée par la précision et la rigueur et une tendance à promouvoir l'esprit

---

[253] Cf. *Ibid.*, p. 380-388.
[254] *Ibid.*, p. 391.
[255] Cf. *Ibid.*, p. 400.
[256] Cf. *Ibid.*, p. 403 et p. 437 et Cf. *Rénovation de la pensée arabe, op. cit.*, p. 61.

scientifique, ils ont mélangé leur rationalisme avec des visions irrationnelles en croyant à la magie et au pouvoir des amulettes qu'ils classent parmi les sciences[257]. Leur dernière épître est consacrée à la magie et à ses pratiques, en la considérant comme une des sciences reconnues[258].

Ce qui est encore déplorable, c'est de trouver, de nos jours, des hommes qui croient fermement à la magie et à son influence, à telle enseigne qu'ils la situent dans la catégorie de la foi[259].

---

[257] Cf. *Ibid.*, p. 206 et p. 439.
[258] Cf. *Ibid.*, p.439-450.
[259] Cf. Z. Mahmûd, *Le rationnel et l'irrationnel dans notre patrimoine intellectuel*, *op. cit.*, p. 437-438.

Chapitre quatrième
Conception d'une nouvelle société

Le souci de Z. Ma<u>h</u>mûd ne consiste pas seulement à créer une nouvelle culture arabe, mais aussi à concevoir une nouvelle société fondée sur de nouvelles bases, sinon c'est la catastrophe qui menacerait tout le monde. Peu importe si l'idéologie politique est le capitalisme ou le socialisme, tant que les disparités socio-économiques s'accentuent davantage entre les sociétés, voire entre les individus appartenant à une même société[260].

Les différences sont énormes entre les pays appelés développés dont le progrès dépend de la technologie et de l'industrialisation et les pays sous-développés qui occupent les deux tiers du globe et où règnent la pauvreté, la misère, la famine et l'analphabétisme. Mais cette classification n'est pas si tranchante, vu qu'il y a des catégories au sein des pays sous-développés qui mènent une vie aussi aisée que les membres des pays développés, et le contraire est vrai. La situation s'aggrave lorsqu'on constate que les pays développés sont, dans une large mesure, responsables de cette condition déplorable dans laquelle se débattent les sociétés démunies. Car le développement économique et industriel rapide de ces pays s'effectue au détriment des pays moins développés[261].

D'ailleurs, la culture, qui est étroitement liée à la vie de la société, est censée revêtir, chez les Arabes, une nouvelle dimension. Pour être efficace, elle ne peut plus continuer d'être la culture des mots, coupée de la réalité, mais doit passer au niveau de l'exécution moyennant des instruments et des machines.

1. Une société socialiste et laïque

La catastrophe est imminente tant que les pays ne se rendent pas compte de la nécessité de se solidariser en vue de créer une nouvelle société. Laquelle est basée sur une égalité au plan national et au plan mondial. Une telle société se réclame d'une vision humaine fondamentale, à savoir la considération de tout être humain comme jouissant du droit primitif aux besoins naturels et nécessaires, tels les besoins de nourriture, d'habitat, d'apprentissage et des soins médicaux. L'homme ne saurait

---
[260] Cf. Z. Ma<u>h</u>mûd, *Une nouvelle société, ou c'est la catastrophe, op. cit.*, p. 236.
[261] Cf. *Ibid.*, p. 235-236.

participer dignement à une civilisation lorsque ses droits naturels et fondamentaux sont spoliés[262].

Cette nouvelle société est loin d'être une société de consommation. Elle est une société de production qui devrait agir en fonction des besoins naturels nécessaires, et non du profit. C'est une société véritablement socialiste qui garantit la dignité humaine, sans égard ni pour la qualité du travail accompli par l'individu ni pour la classe sociale à laquelle il appartient[263]. C'est pourquoi il faut s'employer à produire ce qui est indispensable à une vie décente, et non ce qui est une matière de luxe et de divertissement pour les plus aisés économiquement[264].

Pour que la justice sociale règne dans cette société, elle doit se baser primordialement sur les besoins des hommes. Les principes des droits des individus et la méritocratie doivent être subordonnés à un autre impératif. Celui justement qui permet à l'individu de mener une vie décente dans laquelle se trouve assuré le minimum du salaire ou du revenu susceptible de lui fournir l'occasion de subvenir à ses besoins principaux. C'est que la justice sociale accorde la priorité aux nécessités vitales. D'où la distinction entre la justice « judiciaire » qui cherche à protéger rigidement les droits des individus sans tenir compte de leurs besoins indispensables, et la justice sociale qui se montre clémente à l'égard des individus qui se trouvent dans des situations où les besoins de première nécessité doivent être assurés[265].

De plus, notre auteur avertit les Arabes et les exhorte à sauvegarder le sens et la raison d'être du travail. C'est que dans les pays qui ont connu un progrès vertigineux de la science et de l'industrie, l'on observe que les ouvriers souffrent de maladies psychiques. Les cas de violence ont également augmenté. Cela est dû à l'absence des motifs, des objectifs et des valeurs auxquels les ouvriers devaient croire. Croyance qui les détermine à travailler non dans le seul but de subvenir à leurs besoins vitaux, mais surtout dans l'intention de rendre service à leur nation ou d'accomplir une mission qui revêt une dimension humaine[266].

---

[262] Cf. *Ibid.*, p. 237.
[263] Cf. Z. Maḥmûd, *Dans notre vie intellectuelle*, op. cit., p. 34.
[264] Cf. Z. Maḥmûd, *Une nouvelle société, ou c'est la catastrophe*, op. cit., p. 237.
[265] Cf. *Ibid.*, p. 97-99.
[266] Cf. *Ibid.*, p. 105-107.

Cette nouvelle société doit revêtir un caractère laïque qui sépare radicalement l'organisation de l'État des principes religieux. Unir entre les mains du gouverneur l'autorité religieuse et l'autorité politique constitue une véritable menace contre le mouvement d'évolution et de progrès de la société. Car sous le prétexte de favoriser l'esprit religieux, le gouverneur peut imposer toute sorte de contrainte en vue d'accentuer son pouvoir. C'est pourquoi Z. Mahmûd avertit les sociétés arabes, et en particulier la société égyptienne, et leur demande de se prémunir contre la tentation de tomber dans les mêmes problèmes qu'a connus l'Europe lorsqu'elle unissait le pouvoir religieux et le pouvoir politique dans la main d'un seul gouverneur[267].

D'ailleurs, il estime que la société est un ensemble d'individus qui ont conventionnellement décidé de mener une vie commune. Cette vision découle de la notion de la diversité analysée par les empiristes qui affirment la liberté de l'individu non soumis aux décisions arbitraires de la collectivité. Vision qui s'oppose à celle des idéalistes, et à leur tête Platon, dont la philosophie essentialiste fait soumettre l'individu à la collectivité comme le membre qui dépend du corps. Comme si derrière la diversité devait résider une substance qui les unifie[268].

Une telle société dont parle Z. Mahmûd trouve son modèle dans la société américaine caractérisée par « 'l'individualisme communautaire' qui ne fait pas plonger l'individu dans l'océan de la société, mais garde à chaque individu sa singularité autonome malgré sa participation avec les autres à une seule communauté reliée par l'intérêt commun »[269]. Il compare cette communauté à une association coopérative où chaque individu tient à sauvegarder son indépendance tout en se souciant de faire prospérer cette association. Il voit dans la société américaine une diversité d'individus qui n'est pas pourtant une dispersion d'individus agissant chacun selon leurs caprices. C'est une diversité associée par un seul contrat sans que l'individualité se fonde dans la masse. Une société où chaque individu jouit de ses droits naturels et innés qui ne sont offerts par personne[270].

---

[267] Cf. Z. Mahmûd, *Dans notre vie intellectuelle, op. cit.*, p. 10.
[268] Cf. *Ibid.*, p. 93.
[269] Z. Mahmûd, *La vie de la pensée dans le Nouveau Monde, op. cit.*, p. 8.
[270] Cf. *Ibid.*, p. 8-9.

En tant que partisan du rationalisme arabe, Z. Maḫmûd n'envisage pas la raison uniquement dans son aspect scientifique et technique. Le rationalisme qu'il défend est également celui qui se manifeste dans le domaine politique qui substitue au facteur religieux et au confessionnalisme traditionnel la laïcité ou le sécularisme ; et dans le domaine social, c'est la solidarité nationale et la citoyenneté qui relayent la solidarité religieuse.

2. Culture vécue et connaissance technoscientifique

La culture qui demeure prisonnière des abstractions et des généralités devient une culture coupée du réel. Ce qui ne peut engendrer que le fanatisme et l'étroitesse de vue. Il est nécessaire de passer au contenu pour le définir en détail. Une telle définition entraîne un changement d'attitude et élimine, par le fait même, les préjugés. Un ensemble de questions interdépendantes s'impose : Quels sont les aspects de notre patrimoine qui ne nous interpellent plus et qui n'ont plus de rapport avec nos problèmes actuels ? Quand vit-on sa culture ? Quand devient-elle une entité autonome détachée de tout rapport avec la vie de tous les jours ? Mais que signifie, en fait, la culture ?

Malgré les différentes définitions proposées, la culture est à considérer dans sa dimension vécue. La vie des gens est leur culture. Celle-ci ne saurait être envisagée comme un objet d'étude. Lorsqu'elle vient de l'extérieur, la culture devient une entité autonome. C'est le cas de la culture grecque pour les Romains.

Pour les Arabes, la langue n'était pas l'instrument de la culture, elle était la culture elle-même. Mais avec l'avènement du siècle de la science et de l'industrie occidentales, la signification de la connaissance et même de la culture s'est transformée en celle de science, de technique et d'industrie. Les Arabes ne peuvent plus se limiter à la connaissance des mots ; ils doivent dépasser ce stade pour passer à l'exécution. C'est passer de la civilisation du mot (lafẓ) à la civilisation de la réalisation (adâ')[271], c'est-à-dire à celle de la science, de la technique et de l'industrie. Ce passage ne trouve pas ses éléments dans le patrimoine arabe, mais dans la culture de l'Occident. C'est un progrès unidimensionnel qui suit le chemin de l'industrialisation, non certes dans le sens de l'artisanat, mais dans celui du machinisme moderne basé sur la science et la technique

---

[271] Z. Maḫmûd, *Rénovation de la pensée arabe, op. cit.*, p. 234.

nouvelle[272]. Cette nouvelle industrie ne compte plus sur les forces physiques de l'homme puisqu'elle fonctionne mécaniquement. Un tel progrès entraîne donc une transformation dans la pensée et la vie des hommes, un passage de la culture du mot à celui de la réalisation pratique.

Si l'homme a commencé par être un *Homo Faber*, par fabriquer et utiliser des outils, il n'a pourtant connu la technologie, au vrai sens du mot, que récemment, lorsqu'il est parvenu à faire de ces outils une science (*logos*) autonome. « La science de la technique, écrit Z. Mahmûd, n'est pas l'idée scientifique encore dans l'esprit du savant, ni la machine produite selon cette idée, elle est la voie de passage entre l'idée de l'intérieur et la machine réalisée de l'extérieur »[273]. La technologie n'est, en fait, qu'une nouvelle méthode de pensée ou de recherche scientifique par l'intermédiaire des instruments, à travers laquelle on fait passer l'hypothèse théorique au monde de l'application. Une méthode qui consiste à régler des appareils aptes à assurer le passage de la science théorique à l'application scientifique.

Notre auteur se réfère au mot de Whitehead selon lequel la technologie est une méthode d'invention, étant donné que « 'la plus grande invention de la science est l'invention de la manière d'inventer' »[274]. Le progrès scientifique est donc tributaire de la grande précision fournie aux appareils utilisés dans la connaissance exacte de la nature. La recherche scientifique désintéressée s'estompe au profit d'une science de la technique.

Les pays qui se contentent d'acheter des machines industrielles ou de guerre méconnaissent la technologie. Il s'agit de créer un climat propice à l'apparition de l'esprit d'innovation et d'invention dans les pays en voie de développement[275]. Le progrès d'une société dépend en premier lieu de la science technique et de l'industrialisation.

Z. Mahmûd considère, à nouveaux frais, le problème de l'unité arabe et du nationalisme arabe. Problème qui a également préoccupé le penseur syrien contemporain Sâdiq Jalâl al-'Azm. Comment faire face à la domination et au racisme incarnés dans l'invasion sioniste ? D'aucuns trouvent la solution dans

---

[272] Cf. *Ibid.*, p. 239.
[273] Z. Mahmûd, *Une nouvelle société, ou c'est la catastrophe, op. cit.*, p. 184.
[274] *Ibid.*, p. 187.
[275] Cf. *Ibid.*, p. 186.

l'attachement à la religion et à l'arabité. Mais cet attachement est-il de nature à prémunir les Arabes contre la défaite et l'effondrement de leur nation ? Le patrimoine est incapable de leur fournir les idées et les solutions convenables, du fait que leurs problèmes divergent de ceux de leurs ancêtres. Alors que pour Ghazâlî, par exemple, la vérité se définit comme étant le dogme révélé, la vérité que nous cherchons actuellement est celle des lois de la nature, des constructions mathématiques, des institutions économiques et sociales.

Puisque les problèmes des Arabes contemporains sont différents, ils ne peuvent pas compter sur leurs ancêtres pour trouver les solutions toutes faites. Tandis que les problèmes qui les intéressaient se ramenaient autrefois à la relation de l'homme avec Dieu, avec le prophète et son message, les problèmes qui se posent actuellement sont tout à fait nouveaux et différents. Ce sont des problèmes qui se rapportent à la relation de l'homme avec la nature, l'industrie et ses semblables[276].

3. Pour une véritable philosophie arabe

Le progrès scientifique n'exerce pas seulement une influence considérable sur la mentalité et la vie pratique de la plupart des individus, mais marque également la pensée philosophique. Si celle-ci demeure impuissante à rivaliser avec la science et ses nouvelles découvertes, cela ne signifie pas qu'elle doit démissionner. Sa réflexion concerne les résultats et les principes de la science. La philosophie continue à remplir une fonction épistémologique susceptible d'analyser les fondements sur lesquels reposent les diverses sciences[277]. Elle cherche également à découvrir les principes sous-jacents qui commandent nos pensées, nos croyances, nos jugements et nos conduites.

En vue de mettre au clair le rôle de la philosophie, Z. Maḥmûd la situe au troisième degré de la connaissance. Au premier degré se place la connaissance du commun des gens qui établit un rapport direct avec les choses et les personnes dans leur diversité et s'occupe des affaires de la vie quotidienne. Au second degré se positionne la science qui vise la généralisation, et ce, en faisant soumettre la multiplicité des choses et les individualités à des lois universelles. L'on se trouve ainsi devant un ensemble de lois

---
[276] Z. Maḥmûd, *Rénovation de la pensée arabe*, op. cit., p. 183.
[277] Cf. Z. Maḥmûd, *Pensées et attitudes*, op. cit., p. 45

classées selon les domaines de spécialisation scientifique. On atteint le troisième degré de connaissance, qu'est la philosophie, lorsqu'on s'interroge sur l'ensemble des lois scientifiques et sur l'ensemble des règles de conduite pour en déterminer le principe englobant qui les unifie[278]. De plus, la pensée philosophique s'efforce d'aller aux causes profondes du problème. Elle poursuit les racines du mal en vue de les extirper[279].

Alors que la science dégage ses lois des faits réels, la philosophie tire ses principes des lois scientifiques. Dans les deux cas, les généralisations ne trouvent pas leur source dans un au-delà, mais dans la réalité des choses. Une loi scientifique ou un principe philosophique qui demeure sans application au niveau réel se condamne à l'anéantissement. La fonction de la philosophie consiste donc à expliciter les présupposés des sciences et les croyances de notre vie pratique. Il revient donc à cette discipline de dégager l'implicite de nos jugements, de nos pensées et de nos croyances, de mettre en acte ce qui est en puissance. Derrière les faits, les croyances, les jugements et les conduites, la philosophie dévoile les principes qui les gouvernent. Devenus évidents, ces principes préparent le terrain à des changements d'idées et de comportements plus conformes aux aspirations profondes de l'homme[280].

Rappelons que la philosophie n'est pas un ensemble de propos inutiles, mais trouve son terrain solide dans ce qui se dit et se répète sur les lèvres et dans les détails de leur vie quotidienne. Ainsi les hommes ne cessent de parler du bien, du vrai, du beau, de la justice, de l'amour, de la science, de l'art, de la société, etc. C'est à partir de ces notions que la philosophie entreprend sa réflexion. Elle en analyse le sens pour aboutir à une synthèse[281].

C'est, en quelque sens, la mission qu'a remplie Socrate en se chargeant, à travers sa maïeutique, de creuser dans les idées et les comportements de ses concitoyens pour en dégager les principes. Des principes qui sont soumis à l'ordre de la raison et non dictés par les désirs et les caprices. Il ne s'est pas contenté de sa culture personnelle, mais a voulu changer la façon de penser et de vivre de ses concitoyens en les incitant au dialogue et à la réflexion. C'est

---

[278] Cf. Z. Maḥmûd, *Rénovation de la pensée arabe*, op. cit., p. 258-260.
[279] Cf. Z. Maḥmûd, *Une nouvelle société, ou c'est la catastrophe*, op. cit., p. 5-6.
[280] Cf. Z. Maḥmûd, *Rénovation de la pensée arabe*, op. cit., p. 261-262.
[281] Cf. Z. Maḥmûd, *Des valeurs du patrimoine*, op. cit., p. 370-371.

pourquoi il fut un homme de culture révolutionnaire[282]. En fait, l'homme cultivé est celui qui est pleinement convaincu par certaines idées qu'il pratique dans sa vie et cherche, en même temps, à convaincre les autres par ces idées. Des idées qu'il suppose capables de susciter un changement des aspects de la vie pour le meilleur[283].

À l'instar de la philosophie de la connaissance scientifique, cultivée par les Anglo-saxons, et la philosophie de l'existence humaine, développée par la philosophie française et allemande, ainsi que de la philosophie qui traite des problèmes de la société et de sa reconstruction, étudiée en Europe de l'Est, n'y a-t-il pas moyen d'avoir une philosophie arabe authentique malgré son contact avec les cultures occidentales[284] ? Puisque le rôle de la philosophie est de toucher aux racines de notre vie intellectuelle et de notre réalité culturelle, la philosophie arabe contemporaine aura pour vocation de remplir cette fonction. Elle est portée à analyser les fondements de la culture arabe contemporaine et la liaison avec son passé. Tel était le cas des premiers Arabes dont le problème central consistait à accorder les vérités révélées et les vérités de la raison. De nos jours, les circonstances de la vie contemporaine ont engendré de nouveaux conflits intellectuels. Le problème principal qui en découle est d'accorder les sciences modernes issues de l'Occident et le patrimoine intellectuel arabe[285].

Z. Maḥmûd expose les trois positions qui s'affrontent depuis cent cinquante ans. La première est de s'en tenir exclusivement au passé. Or cette position répugne à la contemporanéité. La deuxième consiste à adopter uniquement la science. Pourtant, cette position s'écarte de la culture arabe. La troisième cherche à façonner, dans une unité organique, une culture qui puisse joindre la science de l'Occident aux valeurs du patrimoine arabe. Il s'agit donc de concilier la science et l'homme, et non les prescriptions de la loi et la logique de la raison[286]. Si l'Occident n'a pas réussi à établir une telle conciliation, c'est qu'il survalorise la science aux dépens des dimensions proprement humaines. Tandis que la civilisation arabe, et particulièrement musulmane, prend son point

---

[282] Cf. Z. Maḥmûd, *Dans notre vie intellectuelle, op. cit.*, p. 148.
[283] Cf. Z. Maḥmûd, *Les soucis des cultivés, op. cit.*, p. 11-12.
[284] Cf. Z. Maḥmûd, *Rénovation de la pensée arabe, op. cit.*, p. 266.
[285] Cf. *Ibid.*, p. 270.
[286] Cf. *Ibid.*, p. 270-271.

d'appui dans la morale[287] qui s'occupe de développer les germes de moralité dans les esprits. C'est qu'il faut ajouter à la science les valeurs morales et esthétiques qui constituent l'homme en profondeur[288].

Z. Maḥmûd propose un point de vue qui puisse servir de fondement à la constitution d'une véritable philosophie arabe. Au fond de notre conscience se situe le principe du dualisme, mais avec une inégalité des deux parties constitutives de la réalité : créateur-créé, esprit-matière, raison-corps, absolu-changeant, etc. En découlent quatre types de philosophie : le spiritualisme exclusif qui explique tout être en langage d'esprit ; le matérialisme exclusif qui réduit tout à la matière ; le dualisme qui divise la réalité en deux principes éternels et indépendants, à savoir esprit et matière ; le pluralisme qui refuse de ramener les êtres à un ou deux principes[289].

La vision arabe demeure une vision dualiste, mais qui accorde la priorité à l'esprit. Vision qui ne s'accorde pourtant pas avec le dualisme platonicien qui a aboli la valeur attribuée aux individus singuliers dont la vérité n'est réalisable que dans la mesure où ils participent à l'humanité dans son sens abstrait. Contrairement au platonisme, le dualisme arabe reconnaît l'existence véritable des individus à qui incombent la responsabilité et l'accomplissement du devoir moral. Cette vision dualiste arabe fait que les individus appartiennent à un monde créé par un être divin absolu et un. De plus, les humains sont totalement distincts des autres individus du monde naturel en raison de leur volonté libre qui échappe à toute sorte de déterminisme. L'homme ne saurait donc être confondu avec un simple phénomène naturel soumis aux lois scientifiques, du fait qu'il se caractérise par sa volonté et sa créativité[290].

Cette responsabilité humaine trouve sa justification dans l'acte moral accompli librement pour lui-même indépendamment de ses effets positifs ou négatifs sur l'auteur de l'acte. La morale ne peut être fondée que sur le devoir, et non sur l'intérêt[291]. Même si l'homme fait son devoir avec plaisir, ce n'est pas la recherche du plaisir qui qualifie son acte comme moral. Cette conception du

---

[287] Cf. Z. Maḥmûd, *Pensées et attitudes, op. cit.*, p. 200.
[288] Cf. Z. Maḥmûd, *Rénovation de la pensée arabe, op. cit.*, p. 272.
[289] Cf. *Ibid.*, p. 274-275.
[290] Cf. *Ibid.*, p. 276.
[291] Cf. *Ibid.*, p. 277.

devoir moral nous rappelle celle de Kant qui fonde la morale sur le devoir, la bonne volonté ou l'intention morale. C'est l'homme qui est le créateur des valeurs morales et qui dirige lui-même ses conduites. Le jugement moral n'est pas déterminé par le contenu matériel de l'acte, mais par la forme de l'acte, par la bonne intention.

De la vision dualiste arabe qui sépare les deux mondes, à savoir le monde des êtres finis soumis au cadre spatio-temporel et le monde infini et transcendant, se dégage une théorie de la connaissance. Comment l'homme peut-il connaître avec certitude le monde qui l'entoure ? Alors que les idéalistes croient que la connaissance certaine nécessite le recours à la méthode mathématique pour étudier les phénomènes de la nature, les empiristes adoptent l'observation et l'expérimentation pour dégager les lois de la nature. La vision dualiste arabe propose une méthode pour les sciences de la nature basée sur l'expérience et portée sur la description et l'analyse des seuls phénomènes. Une autre méthode est recommandée pour la connaissance de ce qui est au-delà du réel, telles les valeurs morales, la dictée de la révélation ou les traditions[292].

Cette vision philosophique garantit l'union entre la science et la dignité de l'homme. Union irréalisable en Occident où le progrès de la science a entraîné une industrialisation sophistiquée qui a fini par mécaniser la vie et les conduites des individus dont les actes deviennent de plus en plus pervers[293]. Ce dualisme permet à l'homme de vivre pour la terre et pour le ciel. Sur la terre, il cherche la science et l'action, tout en étant convaincu du caractère relatif de la science. Et dans le ciel, il se laisse guider par les valeurs, étant absolues et immuables dans leur cadre général, malgré le changement qu'elles subissent selon les conditions de la vie à chaque époque.

Il en ressort que pour les penseurs occidentaux, c'est la science qui détermine la relation de l'homme avec ce qui l'entoure. Tandis que pour les penseurs arabes, c'est l'action morale qui constitue la pierre angulaire de l'édifice humain. Ce principe de l'action se manifeste dans la langue arabe où le verbe vient en premier dans la phrase. Alors que chez l'Occidental le rapport avec la nature s'achève en science, chez l'Arabe, le rapport avec la société

---

[292] Cf. *Ibid.*, p. 281-282.
[293] Cf. *Ibid.*, p. 284.

humaine s'achève en normes et valeurs. Deux visions qui se complètent.

4. Art et liberté

Il est vrai que le souci de Z. Mahmûd est de promouvoir une culture scientifique positiviste. Mais ce souci est contrebalancé par son intérêt d'accorder une importance radicale aux domaines où l'intériorité affective trouve sa plus belle et nette expression. Domaines dans lesquels l'activité artistique et littéraire s'exerce librement, c'est-à-dire indépendamment de l'intervention de la rigueur scientifique.

Dans l'état de création artistique et de ravissement artistique, l'artiste et le contemplateur des œuvres artistiques parviennent à transcender le monde physique soumis au déterminisme pour s'intégrer à un autre monde régi par ses propres lois[294]. Un monde gouverné par la liberté et délivré du fardeau imposé par les vérités scientifiques. L'artiste n'est pas un simple imitateur de la nature ou un appareil photographique censé représenter fidèlement et exactement la nature. Il est plutôt cet homme doté d'un goût et d'un sens créatif exceptionnels qui lui permettent de laisser son empreinte subjective et originale sur la chose représentée[295]. Bien qu'il s'appuie sur les données sensorielles pour représenter une chose quelconque, il ne s'y limite pas. Il va encore plus loin pour saisir quelque chose de caché qui échappe à la perception sensible. La chose représentée serait, de la sorte, un mélange de ses caractéristiques sensibles et des significations qu'elle inspire à l'artiste. Significations qui demeurent au-delà des apparences sensibles[296].

La méthode rationnelle de la science, avec sa logique expérimentale rigoureuse, ne laisse pas à l'homme la liberté de choisir les résultats qui sont issus de la nature elle-même. Pour échapper donc à l'âpreté de ces vérités scientifiques, l'homme court après sa liberté qu'il trouve réalisée dans le domaine de la création artistique[297]. C'est là où il se sent débarrassé des entraves de la réalité qu'il déforme et transforme librement dans ses œuvres.

---

[294] Cf. Z. Mahmûd, *Pensées et attitudes*, op. cit., p. 105.
[295] Cf. Z. Mahmûd, *L'Orient l'artiste*, Damas, Dâr al madâ li thaqâfa w al-nashr, 2007, p. 24.
[296] Cf. *Ibid.*, p. 41.
[297] Cf., Z. Mahmûd, *Pensées et attitudes*, op. cit., p. 243.

La liberté ne se réduit pas à briser les chaînes. Elle est essentiellement créativité et innovation.

Il est, de la sorte, nécessaire de distinguer deux moments : le moment de la science et du travail et celui de l'intériorité. Dans le premier, c'est la raison, soutenue par les sens, qui l'emporte. Dans le second, par contre, qui est le moment de la création et de la contemplation artistique ainsi que de l'adoration ou d'un grand amour, la raison doit démissionner. Car ce n'est pas un moment soumis au pouvoir de la raison ni enchaîné par les nécessités du réel et de ses cadres spatio-temporels[298]. C'est le moment où l'individu éprouve intensément la liberté.

Ainsi la vision qu'a l'artiste à l'égard des choses du monde extérieur diffère de celle du savant. Alors que le premier envisage le monde sous un angle subjectif, affectif et intuitif, le second l'examine d'abord tel qu'il est perçu par les sens pour en dégager ensuite des lois qui représentent la succession des phénomènes. En termes plus clairs, regarder le monde de l'intérieur comme étant une seule existence vivante, c'est adopter l'attitude de l'artiste et privilégier, de la sorte, l'imagination créatrice. Par contre, l'étudier de l'extérieur en examinant la série de ses phénomènes, c'est se comporter en tant que savant et prendre parti pour la raison théorique[299]. Donc deux attitudes à l'égard de l'existence extérieure : celle de l'artiste qui pénètre le fond des êtres et celle du savant qui dresse une barrière de lois physiques entre lui et les êtres. Autrement dit, l'être particulier n'intéresse le savant que dans la mesure où il illustre une loi scientifique. Tandis que cet être est envisagé par l'artiste comme un tout, et non dans ses éléments dégagés par voie d'analyse. Un tout qui touche profondément l'âme de l'artiste, comme si c'était un prolongement de son propre être[300].

À la lumière de cette distinction entre ces deux visions, se révèle clairement la distinction entre l'utile et le beau. Dire qu'une chose est utile, c'est montrer les fins qu'elle peut réaliser. En revanche, attribuer la beauté à une chose, c'est ne dégager aucune fin si ce n'est celle d'une beauté sans explication ni justification. C'est que la beauté d'une chose dépend de l'harmonie intérieure de ses éléments de sorte que cette harmonie met en relief le caractère

---

[298] Cf. *Ibid.*, p. 106.
[299] Cf. Z. Maḥmûd, *L'Orient l'artiste, op. cit.*, p. 9.
[300] Cf. *Ibid.*, p. 10.

original et singulier de la chose représentée[301]. Il n'est pas superflu de rappeler, dans cet ordre d'idées, l'idée de Kant, dans son ouvrage consacré à l'esthétique *Critique de la faculté de juger*, selon laquelle « la beauté est la forme de la finalité d'un objet, en tant qu'elle est perçue dans cet objet sans représentation d'une fin »[302]. Ainsi Kant envisage le beau comme quelque chose qui n'est lié à la satisfaction d'aucun besoin et dont nous ne songeons pas à nous servir comme d'un moyen. Le beau est aimé pour lui-même sans aucune arrière-pensée d'intérêt, contrairement à l'utile qui est désiré en vue d'un but. Si l'œuvre d'art a une finalité, c'est parce qu'elle est une harmonie. Elle ne signifie et ne vise autre chose qu'elle-même, n'est au service d'aucune fin ou d'aucune cause extérieure à l'art. Cette finalité intrinsèque de l'œuvre se manifeste dans une cohérence interne s'établissant par les relations entre ses différents éléments. Donc, selon Kant, l'œuvre est jugée belle en raison de sa structure d'ensemble, de l'ensemble des relations qui existent entre ses différents éléments et qui les présentent comme une unité indissociable.

L'attitude de contemplation artistique implique un détachement à l'égard du monde ou de soi-même pour goûter un type spécifique du plaisir esthétique, une sorte de joie d'être. Cette contemplation arrache l'individu à la banalité quotidienne, aux nécessités de l'action utilitaire, aux exigences de la logique pour lui procurer une évasion. Ainsi, « par la vision scientifique envers les choses, l'homme en tire profit, et par la vision artistique il s'en réjouit »[303].

Le plaisir esthétique engendré par la contemplation n'est certes pas un plaisir sensuel éprouvé vis-à-vis d'un objet physique déterminé, mais un plaisir spécifique qui transporte le contemplateur au-dessus de lui-même et l'introduit dans le monde du créateur de l'œuvre. L'œuvre d'art nous enchante, nous ravit, en nous faisant sortir de notre propre monde, de la réalité à laquelle nous nous soumettons pour participer au monde de l'artiste, pour communier avec lui. C'est pourquoi Z. Maḥmûd appelle les Arabes à prendre goût aux arts, surtout aux arts de leurs ancêtres. Une telle attitude est de nature à permettre aux individus de ce siècle d'empathiser avec l'artiste ou le poète d'antan, de voir avec ses

---

[301] Cf. *Ibid.*, p. 10-11.
[302] Kant, *Critique de la faculté de juger*, trad. par A. Delamarre, J.R. Ladmiral, M. Launay, et al., Paris, Gallimard, 1985, p. 171.
[303] Z. Maḥmûd, *L'Orient l'artiste, op. cit.* p. 12.

yeux ou d'entendre avec ses oreilles[304]. Attitude susceptible de revivifier leur patrimoine tout en éprouvant l'intensité des sentiments qui les attachent à leur passé.

Il réclame alors avec insistance d'introduire les arts dans les différents cycles d'enseignement. Faire abstraction de l'art dans l'enseignement, c'est priver l'apprenant de la dimension affective indispensable à sa formation. Notre siècle n'est pas seulement le siècle des sciences, mais aussi des arts[305]. L'homme ne saurait donc appartenir pleinement à son siècle s'il se contentait d'acquérir la science et négliger les arts. Ce qui constitue le moyen le plus efficace de relier étroitement les hommes d'aujourd'hui avec le patrimoine culturel de leurs ancêtres et de fusionner avec eux. Relation propre à permettre aux premiers de communiquer avec ces derniers, lorsque ceux-là parviennent à goûter le moment artistique tel qu'il fut vécu par les artistes du passé et à s'unifier dans un même élan artistique.[306].

Promoteur du rationalisme et du positivisme logique dans la culture arabe, Z. Mahmûd ne s'est pas laissé entraîner aveuglément par le courant scientiste. En effet, il estime que l'art constitue une réaction contre la marche progressive de la science en ce qu'elle engendre comme technique et industrie. Cette science risque d'étouffer la personnalité des individus qu'elle moule en fonction des modèles préfabriqués et homogènes au niveau de la nourriture, des vêtements, des habitats. C'est la raison pour laquelle l'art ne pouvait que réagir contre cette tyrannie de la science qui a banalisé l'originalité individuelle. Réaction qui s'est traduite dans la création artistique d'un monde différent de celui étudié par la science[307].

La liberté n'est pas seulement, selon Z. Mahmûd, la capacité de briser les chaînes qui asservissent l'homme. Elle est surtout une force et une réalisation, elle est une rénovation et une création continue. La liberté est donc étroitement attachée à la créativité qui permet à l'homme de réaliser son existence.

D'ailleurs, il serait intéressant d'attirer l'attention sur la valeur que Z. Mahmûd accorde à la vision artistique qu'ont les Orientaux à l'égard du monde, contrairement à la vision scientifique des Occidentaux qui envisagent le monde dans une optique analytique

---

[304] Cf. Z. Mahmûd, *Pensées et attitudes, op. cit.*, p. 224.
[305] Cf. *Ibid.*, p. 291.
[306] Cf. *Ibid.*, p. 304.
[307] Cf. *Ibid.*, p. 120.

et quantitative. D'un côté, c'est la vision de l'Extrême-Orient, représentée surtout par la civilisation chinoise et la civilisation indienne. De l'autre, c'est la vision de l'Occident illustrée par l'Europe et l'Amérique du Nord. Et entre ces deux visions différentes, se situe celle qui en constitue une synthèse, celle notamment du Moyen-Orient.

La vision de l'Extrême-Orient regarde l'univers physique d'un œil intuitif. Lequel transperce les phénomènes perçus par les sens pour saisir l'essence même des choses. Car derrière la diversité apparente des phénomènes réside la vérité de l'unité de l'être. C'est là où le sujet fusionne avec le tout et l'individu s'efface dans le grand océan du cosmos. Une telle vision qui s'appuie uniquement sur une vue subjective et intuitive, sans avoir recours à des analyses et des démonstrations, est celle qui caractérise par excellence la vision de l'artiste envers les choses. Cet artiste qui se livre à la nature muni de sa sensibilité et son intériorité à travers lesquelles il se sent fusionné avec l'unité du cosmos qui est la seule et unique vérité. C'est en fait l'attitude de celui qui perçoit le monde, non par sa raison, mais par son intériorité affective[308]. Une telle vision qui considère l'univers dans son unité fait que la culture des Extrêmes Orientaux appelle à un rapport fraternel entre l'homme et son semblable, voire entre l'homme et les différents êtres de l'univers[309].

Il en est de même de la philosophie de l'Extrême-Orient qui est, dans son essence, une sagesse. Laquelle cherche à exprimer la subjectivité de celui qui l'élabore, du fait qu'elle se base sur l'intériorité affective et l'intuition[310]. Ainsi l'Indien se mélange avec le monde extérieur qu'il ne prend pas pour une matière inerte soumise à des lois physiques déterministes, mais pour un endroit habité par des esprits qui peuplent les différents êtres de l'univers. La raison s'avère, de la sorte, un simple outil dont la fonction est limitée à l'étude des seules apparences. Elle est donc impuissante à saisir le monde dans sa totalité[311].

En revanche, ce qui caractérise la vision de l'Occident vis-à-vis du monde extérieur, c'est son aspect rationnel et analytique. Une vision qui examine seulement la succession des phénomènes pour

---

[308] Cf. Z. Mahmûd, *L'Orient l'artiste, op. cit.*, p.7.
[309] Cf. *Ibid.*, p. 38.
[310] Cf. *Ibid.*, p. 13-14.
[311] Cf. *Ibid.*, p. 25-27.

en dégager les lois qui les régissent et dont elle peut se servir pour exploiter ces phénomènes. Une vision qui ne compte certes pas sur l'intuition, mais sur l'analyse et la synthèse, du fait qu'elle aspire à des conclusions à partir des propositions premières tenues pour vraies[312]. Ce qui est également le cas de la philosophie occidentale. Laquelle s'appuie « sur des raisonnements logiques qui s'adressent à la raison du lecteur et non à son cœur »[313]. Elle cherche à démontrer que telle conclusion découle logiquement de telle prémisse.

Toutefois cette distinction entre ces deux visions doit être conçue à titre de généralité, car on ne saurait admettre l'absence des savants en Orient, non plus celle des artistes en Occident[314]. De même, la philosophie occidentale a connu, selon Z. Maḥmûd, des penseurs qui se sont soulevés contre le pouvoir de la raison pour accorder à l'intuition sa juste place. C'est le cas, par exemple, de Bergson qui établit une distinction claire entre la connaissance fournie par l'intelligence et la connaissance intuitive. Alors que la première est une faculté façonnée pour analyser, mesurer et fabriquer des outils en vue de guider notre action sur la matière, la seconde est cette faculté apte à saisir la chose du dedans en s'associant au mouvement même de la chose et en nous faisant coïncider avec la durée vivante qui est l'Être lui-même[315].

C'est au Moyen-Orient que ces deux visions s'apparentent en raison de la conciliation entre la religion et la science ainsi qu'entre l'art et l'industrie. En d'autres termes, le Moyen-Orient jouit de ces deux visions ensemble, à savoir la vision spiritualiste, intuitive qui est, au fond, la vision de l'artiste, et la vision rationnelle scientifique qui analyse, raisonne et démontre[316]. Ainsi le point commun entre l'Extrême-Orient et le Moyen-Orient réside dans leur vision intuitive, mais ils diffèrent en ce que le Moyen-Orient y ajoute sa vision scientifique. La même chose se dit au sujet des rapports de convergence et de divergence entre le Moyen-Orient et l'Occident. S'ils se ressemblent dans leur attitude scientifique, rationnelle et pratique, ils s'écartent en ce que le Moyen-Orient met en valeur la vision intuitive[317].

---

[312] Cf. *Ibid.*, p. 7.
[313] *Ibid.*, p. 13.
[314] Cf. *Ibid.*, p. 8.
[315] Cf. *Ibid.*, p. 74-76.
[316] Cf. *Ibid.*, p. 8.
[317] Cf. *Ibid.*, p. 57.

Bien que les problèmes théoriques posés au Moyen-Orient, surtout dans les époques médiévales, soient d'ordre religieux, il n'en demeure pas moins que la manière de les résoudre prend un aspect rationnel et logique, en recourant surtout à la logique aristotélicienne. Ainsi les Mou'tazillites adoptent la méthode rationnelle pour interpréter les problèmes qui touchent au dogme. C'est en s'appuyant sur des arguments rationnels et sur des raisonnements logiques qu'ils parviennent à traiter des sujets d'ordre religieux. Il en est de même pour certains philosophes arabes qui se servent de la logique rationnelle pour résoudre des questions théologiques. Par exemple, Al-Farâbî recourt à des preuves logiques pour argumenter en faveur de l'existence de Dieu[318].

---

[318] Cf. *Ibid.*, p. 60-62.

Chapitre cinquième
Essai d'évaluation

Éminent représentant du positivisme logique dans le monde arabe et défenseur tenace de l'empirisme, Z. Mahmûd s'emploie à analyser le discours métaphysique pour en révéler la défaillance et l'absurdité. Mais il s'est également attelé au problème de l'identité des sociétés arabes face au mouvement rapide et torrentiel des réalisations scientifiques et technologiques des sociétés occidentales.

1. La valeur accordée au patrimoine culturel

Si donc une des questions fondamentales qui a préoccupé la pensée de Z. Mahmûd consiste à savoir comment accorder le patrimoine arabe avec les exigences de la vie contemporaine dont les éléments viennent surtout de l'Occident, c'est qu'il a ressenti, comme il y fait allusion dans les premières lignes du premier chapitre de la *Rénovation de la pensée arabe*, que son adhésion aux écoles philosophiques et scientifiques européennes ne pouvait guère satisfaire en lui cette aspiration à l'authenticité de l'être humain. Le recours au patrimoine demeure une nécessité, du fait qu'il fournit l'occasion à notre auteur de se délivrer de l'état d'inquiétude qui le perturbe. On peut le comprendre dans la mesure où le retour au passé de ses ancêtres reflète une quête humaine et porte une dimension existentielle. Lesquelles sont susceptibles de dilater son existence et ainsi de la ranimer en vertu de cette liaison qu'il tisse avec ceux qui l'ont précédé.

Il n'est pourtant pas superflu de faire remarquer que l'attachement d'un groupe humain à son patrimoine se renforce à mesure qu'il se sent moins intégré au monde humain dans son entier. Si l'homme trouve un moyen propre à le relier spontanément à la communauté humaine globale, éprouverait-il la nécessité de s'attacher à son patrimoine ? Lorsqu'on accomplit son travail dans la conviction que ce qu'on effectue peut rendre service à l'humanité et contribuer authentiquement à l'édification du monde humain, l'on n'éprouve plus le besoin de s'accrocher strictement au patrimoine. Celui-ci s'évanouit au profit de l'ouverture à l'autre quel qu'il soit indépendamment de son appartenance à une communauté étroite. Se sentir appartenir à ce monde constitue donc la garantie contre le recroquevillement de l'individu dans son moi et contre son attachement étriqué à un passé qui entrave la communication avec d'autres humains.

2. Le rapport intrinsèque entre la philosophie et la condition humaine

Quant au rôle de la philosophie, Z. Mahmûd, partisan du positivisme logique, le réduit à un discours dont la fonction est d'expliciter et d'analyser les propositions scientifiques. Son rôle demeure donc tributaire du développement de la science tant que la philosophie n'a rien à découvrir. Si l'on ne peut pas nier le rôle épistémologique que doit jouer la philosophie, et si l'on admet le discrédit qu'a subi le discours métaphysique, cela ne signifie pas que la philosophie est condamnée à être la servante de la science, comme elle était, à une certaine époque, la servante de la théologie. Car la philosophie trouve son origine et sa justification dans le malaise existentiel qu'éprouve le philosophe et qu'il cherche à apaiser par des réflexions portant sur la condition humaine et sur les problèmes qui y sont inhérents.

Avant d'être un discours explicatif et analytique, la philosophie, à l'instar de l'art et de la religion, est une nécessité imposée par notre condition paradoxale et problématique. Si l'homme se sentait bien installé dans son être, aucun problème philosophique ne se serait soulevé. Déjà Z. Mahmûd a pressenti qu'à côté de la philosophie de la science, il s'agit de garder une place à une philosophie de l'homme vivant dont la pensée n'est pas le seul élément constitutif. Une philosophie qui fait place surtout au cœur qui palpite et aux ambitions authentiques de l'homme[319].

La philosophie demeure donc une tentative de réflexion sur la nature de l'homme, son origine, sa destinée, sur les fondements des valeurs. Une tentative qui a accompagné l'émergence des premières civilisations. Ainsi les réflexions sur la vie, la mort, l'immortalité, le bien et le mal, etc., dans les contes égyptiens ou dans l'épopée de Gilgamesh, qui remontent loin dans l'histoire, bien avant la naissance de la philosophie grecque, témoignent que la philosophie a un caractère inhérent à l'existence de l'homme et à sa condition.

D'ailleurs le développement scientifique et technologique a rendu la mission de la philosophie plus urgente. Car les découvertes scientifiques et les inventions technologiques posent

---

[319] Cf. Z. Mahmûd, *Rénovation de la pensée arabe, op. cit.*, p. 286.

davantage à l'homme de nouveaux problèmes qui risquent de porter atteinte à sa dignité. Raison pour laquelle la philosophie ne peut pas se désister, du fait qu'elle se trouve profondément engagée à remettre en question ces problèmes soulevés et à prévenir l'humanité des dangers auxquels elle s'exposera. L'on comprend, dans ce sens, cet avertissement de Bergson selon lequel « le corps agrandi attend un supplément d'âme »[320]. C'est pour dire que l'humanité est appelée à revivifier et à développer son sens humain à la suite du développement scientifique et technique vertigineux qui menace réellement le sort de l'humanité.

3. Attitude critique à l'égard du développement scientifique et technique démesuré

Il est vrai que Z. Mahmûd se vante d'être, dans le monde arabe, l'un des précurseurs du mouvement qui encourage l'industrialisation et le développement technologique. C'est qu'il voit que « la machine n'est pas un bloc de fer, mais une science incarnée et une habileté concentrée. Elle est elle-même la civilisation et la culture »[321]. Mais son adhésion ferme au courant positiviste et sa défense acharnée de l'industrie demeurent incapables de le réintégrer dans sa vérité d'être. Bien qu'il glorifie la raison et ses applications scientifiques, technologiques et industrielles, il n'hésite pas à pressentir ensuite la méfiance à l'égard de ce développement rationnel et l'importance qu'il faut accorder au côté affectif. Comme s'il était convaincu que l'épanouissement de l'être humain ne saurait être complètement et uniquement réalisable par l'exercice de la raison.

Il ne cherche pas à dissimuler sournoisement cette vacillation dans ses points de vue. Bien au contraire, il affirme à plusieurs reprises que cette tendance rationaliste doit être contrebalancée par le développement de la dimension affective représentée essentiellement par la création et la contemplation artistiques susceptibles de délivrer l'homme de la rigueur des vérités scientifiques et de son attachement au monde de la matière. Il ne cesse de nous rappeler que l'homme n'est pas uniquement réduit à sa raison, du fait qu'il éprouve et subit des états affectifs qui

---

[320] Bergson, *Les deux sources de la morale et de la religion*, Tunis, Cérès, 1993, p. 308.
[321] Z. Mahmûd, *Rénovation de la pensée arabe, op. cit.*, p. 239.

influent profondément sur son être³²². De même, le fait d'accuser un homme d'être dépourvu d'affection à l'égard des autres est de nature à susciter sa colère et sa révolte plus que ne le produit le fait de l'accuser d'avoir une faiblesse intellectuelle³²³. Car il se sent humainement rabaissé. Sans oublier que la pensée ne constitue pas en elle-même une entité se suffisant à elle-même, sa seule justification étant la présence des problèmes qui exigent une solution³²⁴.

Si Z. Maḥmûd loue la culture occidentale, il ne tarde pas à en montrer les défaillances. Étant à l'origine du développement de la science et de la technique modernes, l'Occident ne parvient pas à assurer le rapprochement de la science et de la dignité humaine. Il s'est approprié la science, mais a perdu l'homme. D'où les sentiments d'ennui, de malaise, de trouble éprouvés par les Occidentaux qui se trouvent emportés par le courant de la science³²⁵. Si la science et l'industrie ont augmenté le pouvoir matériel des Occidentaux, « elles les ont privés d'une vie paisible et d'une réconciliation avec la voix de la conscience morale »³²⁶. Comme si l'homme occidental était un Faust incapable de résister à la tentation d'acquérir la science et l'argent ainsi que de s'emparer d'un pouvoir illimité. Science, argent et pouvoir ne constituent pas l'essence de l'homme. Il est nécessaire d'y ajouter les valeurs morales et esthétiques qui font l'humanité de l'homme³²⁷.

Joint au pouvoir de la raison qui produit les sciences, les techniques et les machines sophistiquées, le matérialisme de la civilisation occidentale fut à l'origine des mouvements de colonisation européenne. De là la réaction violente contre cette civilisation et contre la raison qui a nourri les désirs égoïstes et voraces de l'homme³²⁸.

Bien qu'il applaudisse le progrès scientifique, technologique et industrielle et qu'il exhorte à souscrire à l'autorité de la raison, Z. Maḥmûd est convaincu que la science et la technique sont impuissantes à résoudre tous nos problèmes. D'un côté, il critique

---

³²² Cf. Z. Maḥmûd, *Le rationnel et l'irrationnel dans notre patrimoine intellectuel, op. cit.*, p. 365.
³²³ Cf. *Ibid.*, p. 367.
³²⁴ Cf. Z. Maḥmûd, *Pensées et attitudes, op. cit.*, p. 114.
³²⁵ Cf. Z. Maḥmûd, *Rénovation de la pensée arabe, op. cit.*, p. 284.
³²⁶ *Ibid.*
³²⁷ Cf. *Ibid.*, p. 272.
³²⁸ Cf. Z. Maḥmûd, *Dans notre vie intellectuelle, op. cit.*, p. 60.

ceux qui s'opposent actuellement à la raison et recourent à la seule conscience intuitive en les incitant à restituer à la raison la valeur suprême que lui donnaient nos ancêtres[329]. Mais de l'autre, il pressent que ce progrès entraîné par le développement de la raison n'est pas en mesure de combler le manque dont souffre l'homme. À moins que la raison soit prise, comme il le répète, dans son sens moral qui consiste à maîtriser les tendances égoïstes de l'homme[330]. Bien plus, c'est ce progrès scientifique lui-même qui a engendré ce manque en entraînant des conséquences fâcheuses au niveau des relations interhumaines[331]. Ce progrès rapide et fulgurant met en danger la valeur de l'homme qui risque de s'effondrer sous les sauts géants du développement scientifique[332].

Un tel progrès rigidifie davantage les rapports authentiquement humains et enferme les individus dans leur moi qui ne se soucie que de donner satisfaction à ses désirs insatiables. L'homme se barricade dans l'ego cartésien et s'isole ainsi des autres, oubliant que ce qu'il a d'essentiel en lui c'est la présence affectueuse des autres. Engendré par le progrès de la raison, l'individualisme entraîne inéluctablement un affrontement entre les individus.

La tendance rationaliste et positiviste de Z. Maḥmûd s'avère donc incapable, comme il l'éprouve lui-même, de récupérer la vérité d'être de l'homme. En effet, ni la science avec ses applications pratiques, ni la raison sont de nature à rapprocher humainement les individus les uns des autres. « Ce qui manque à notre civilisation c'est la compassion ; ce n'est pas le propre de la vie industrielle de la créer »[333]. État de fait qui nous montre, de la façon la plus certaine, que l'attitude rationaliste ou positiviste de notre auteur échoue à satisfaire entièrement ses aspirations proprement humaines. Élan qui ne connaîtra son plein épanouissement que lorsque l'homme aura réalisé que la saisie de sa vérité d'être est fonction d'une communication affective sincère avec ses semblables.

D'ailleurs, comme il l'avoue lui-même, il se considère comme un homme qui se contente du nécessaire. Il ne se sent jamais soumis au pouvoir des désirs[334]. Les produits de luxe ne lui

---

[329] Cf. Z. Maḥmûd, *Rénovation de la pensée arabe*, op. cit., p. 328.
[330] Cf. *Ibid.*, p. 342.
[331] Cf. Z. Maḥmûd, *Pensées et attitudes*, op. cit., p. 309.
[332] Cf. Z. Maḥmûd, *Rénovation de la pensée arabe*, op. cit., p. 283.
[333] Z. Maḥmûd, *Pensées et attitudes*, op. cit., p. 310.
[334] Cf. Z. Maḥmûd, *Une nouvelle société, ou c'est la catastrophe*, op. cit., p. 37.

semblent pas indispensables pour se sentir installé dans son être. S'il pouvait écrire par son cœur, comme il le confesse, il aurait appelé les hommes à suivre le chemin du mysticisme et à mener une vie simple. Mode de vie dans lequel il s'épanouit de la façon la plus authentique[335]. Mais il regrette qu'un tel mode de vie ne saurait être généralisé, du fait que le progrès de la nation arabe et la réalisation de ses objectifs ne peuvent pas se passer des exhortations de la raison. Laquelle recommande impérativement la recherche scientifique, l'industrialisation et la militarisation pour être à la hauteur des défis nouvellement posés. C'est pourquoi il se trouve obligé à réprimer la voix de son cœur pour donner libre cours aux injonctions de la raison[336].

Notre auteur est donc sûr que ce qui permet à l'homme de se réaliser humainement n'est pas la quête obstinée des moyens technologiques de plus en plus sophistiqués. Si, comme il le répétait à plusieurs reprises, il pouvait choisir entre la vie de l'artiste ou celle d'un savant, il aurait préféré la vie de l'artiste. Cette vie qui lui aurait fourni l'occasion d'exprimer ses sentiments les plus profonds, contrairement à la vie du savant qui se contente d'étudier la nature extérieure[337].

Z. Maḥmûd appelle les Arabes, et en particulier les musulmans, à puiser dans leur propre civilisation la moralité qui en constitue le caractère distinctif et essentiel. À la différence des autres civilisations, la civilisation musulmane repose sur des conduites de sympathie et de pitié[338]. Elle se définit par son apport humain et non par son progrès technologique et économique. Est-ce la tendance rationaliste et positiviste qui a inspiré à notre auteur cette attitude humaine et morale ? Ne sont-ce pas plutôt ses sentiments nobles qui lui ont dicté une attitude pareille ? Sans cette dimension affective, une société continue à bien fonctionner, mais cesse d'exister humainement.

---

[335] Cf. *Ibid.*, p. 39.
[336] Cf. *Ibid.*, p. 39-40.
[337] Cf. Z. Maḥmûd, *L'Orient l'artiste, op. cit.*, p. 78.
[338] Cf. Z. Maḥmûd, *Pensées et attitudes, op. cit.*, p. 202.

Conclusion

Partisan fougueux du positivisme logique, il n'est pas étonnant que Z. Ma<u>h</u>mûd annonce la mort de la métaphysique traditionnelle qui se sert des concepts vides de sens pour étudier un domaine qui ne tombe pas sous le contrôle des sens. S'il compare la métaphysique à la superstition, c'est parce que le métaphysicien se contente d'élaborer idéellement un système qu'il estime chargé d'une représentation fidèle au monde sensible. À telle enseigne qu'il s'y renferme tout en omettant les enseignements fournis par la réalité sensible.

Dans cette situation de coupure avec le réel, le métaphysicien s'aventure dans un monde qu'il prend pour vrai. S'illusionnant ainsi sur la possession de la vérité, le métaphysicien s'en éloigne davantage à son insu. Son discours demeure dépourvu de sens, du fait qu'il ne représente rien du réel. Il n'est même pas considéré comme faux. Car lui attribuer le caractère de fausseté présuppose l'existence d'un réel auquel il faut se référer pour juger de l'adéquation ou de la non adéquation du discours. Or le discours métaphysique ne jouit d'aucune possibilité d'être vérifié dans le cadre de l'expérience sensible. L'on comprend pourquoi Z. Ma<u>h</u>mûd compare le philosophe qui se rallie au positivisme logique à un ophtalmologue. C'est qu'il est convaincu que le rôle de ce philosophe est de corriger les troubles de la vision en vue de permettre aux individus de voir autrement la réalité, ainsi que de guérir l'entendement de ses illusions.

S'il s'en prend à la métaphysique dont les concepts sont vides de sens, c'est parce qu'il entend libérer la philosophie du joug de la spéculation surnaturelle. Une philosophie uniquement portée à réfléchir sur le fondement des principes scientifiques et des règles de l'action humaine. C'est donc une philosophie qui ne dépense pas vainement son effort à soulever et à résoudre des questions métaphysiques qui sont essentiellement stériles. S'il admire donc le positivisme logique, c'est moins en tant que doctrine qu'une méthode de réflexion efficace susceptible de débarrasser les esprits des préjugés et des superstitions. Une méthode apte à inaugurer un nouveau siècle des Lumières.

Ce qui l'intéresse, c'est tout ce qui peut toucher à l'existence humaine dans toute sa complexité. Raison pour laquelle il a consacré une bonne partie de sa vie intellectuelle à réfléchir sur la condition de l'homme arabe tiraillé entre l'attachement au patrimoine et l'attraction exercée par les découvertes scientifiques et les nouvelles techniques réalisées en Occident.

Le deuxième souci de Z. Maḥmûd est de parvenir à établir une synthèse entre les données essentielles propres au patrimoine arabe et les apports, particulièrement scientifiques et technologiques, de la culture occidentale dont on ne saurait nier l'utilité dans la vie quotidienne. Il s'agit d'établir une conciliation dans laquelle s'intègrent deux extrêmes en un tout cohérent où l'on sauvegarde l'identité historique de la culture arabe et où se réalisent les exigences de la contemporanéité. Il refuse, de la sorte, les attitudes extrêmes à l'égard du patrimoine et de la civilisation occidentale, à savoir les attitudes exclusives de traditionalisme ou de patrimonialisme, ainsi que celles excessives de modernisme ou d'occidentalisation. C'est pourquoi il prend la défense de l'attitude de réformisme ou de concordisme qui s'emploie à entretenir une interaction entre le patrimoine et la modernité.

La philosophie de Z. Maḥmûd a également pris une dimension sociale. Ce n'est pas uniquement la question de concevoir une nouvelle culture arabe qui suscite son intérêt, mais aussi de penser une nouvelle société où se rétrécissent davantage les disparités socio-économiques entre les individus et les classes sociales. Une société de nature socialiste et laïque qui respecte la dignité de tout être humain et qui lui accorde le droit de donner satisfaction à ses besoins les plus naturels et les plus nécessaires. C'est pourquoi la justice sociale ne saurait être fondée que sur la prise en considération des besoins réels des individus. Une telle justice requiert ultimement une répartition équitable des biens et un accès commun et délibéré aux ressources de l'univers.

Œuvres de Zakî Najîb Mahmûd

Pensées et attitudes, (أفكار ومواقف)(Afkâr wa mawâqef), Beyrouth-Le Caire, Dâr-al-Shurûq, 1987.
Histoire de la philosophie grecque, en collaboration avec Ahmad Amîn, (قصّة الفلسفة اليونانية)(Qissat al-falsafa al-younâniyya), Caire, Matba'at lijnat al-ta'lîf w al-tarjama w al-nashr, 1935.
Histoire de la philosophie moderne, (قصّة الفلسفة الحديثة)(Qissat al-falsafa al-hadîtha) Caire, Matba'at lijnat al-ta'lîf w al-tarjama w al-nashr, 1936.
Une nouvelle société, ou c'est la catastrophe, (مجتمع جديد أو الكارثة)(Moujtama' jadîd aw al-kâritha) Beyrouth-Le Caire, Dâr al-Shurûq, 1983.
Le rationnel et l'irrationnel dans notre patrimoine intellectuel, (المعقول واللامعقول في تراثنا الفكري)(Al-Ma'qûl wa-l-lâ-ma'qûl fî tûrathi-nâ al-fikriyy) Beyrouth-Le Caire, Dâr al-Shurûq, 1981.
Des valeurs du patrimoine, (قيمٌ من التراث)(Qiyam men al-tourâth), Beyrouth-Le Caire, Dâr al-Shurûq, 1984.
Attitude à l'égard de la métaphysique, (موقفٌ من الميتافيزيقيا)(Mawqif men al-metafizîqya), Beyrouth-Le Caire, Dâr al-Shurûq, 1993.
Rénovation de la pensée arabe, (تجديد الفكر العربي)(Tajdîd al-fikr al-'arabiyy) Beyrouth-Le Caire, Dâr al-Shurûq, 1974.
La vie de la pensée dans le Nouveau Monde, (حياة الفكر في العالم الجديد)(Hayât al-fikr fî-l-'âlam al-jadîd) Caire, Maktabat al-anjala al-massriyya, 1976.
Histoire d'une raison, (قصّة عقل)(Qissat 'aql), Beyrouth-Le Caire, Dâr al-Shûrûq, 1953.
Vers une philosophie scientifique, (نحو فلسفة علمية)(Nahwa falsafa 'elmiyya), Caire, Maktabat al-anjala al-massriyya, 1980.
De la philosophie critique, (في فلسفة النقد) (Fi falsafat al-naqd) Beyrouth-Le Caire, Dâr al-Shûrûq, 1972.
D'un point de vue philosophique, (من زاوية فلسفية)(Men zâwya falsafiyya), Beyrouth-Le Caire, Dâr al-Shûrûq, 1982.
Les soucis des cultivés, (هموم المثقفين)(Houmoum al-mouthaqqafîn), Beyrouth-Le Caire, Dâr al-Shurûq, 1989.
De notre vie intellectuelle, (في حياتنا العقلية) (Fi hayâtina al-'aqliyya), Beyrouth-Le Caire, Dâr al-Shurûq, 1989.

La récolte des années, (حصاد السنين)(Haṣâd al-sinîn), Beyrouth-Le Caire, Dâr al-Shurûq, 2005.

La logique positiviste, (المنطق الوضعي)(Al-Manṭiq al-wadˀiyy) Le Caire, Dâr al-Shurûq, 1965.

Point de vue, (وجهة نظر)(Wijhat naẓar) Le Caire, Dâr al-Shurûq, 1967.

Théorie de la connaissance, (نظرية المعرفة)(Naẓariyyat al-maˀrifa) Le Caire, Dâr al-Shurûq, 1969.

Fondements de la pensée scientifique, (أسس التفكير العلمي)(Usus al-tafkîr al-ˁilmiyy) Le Caire, Dâr al-Shurûq, 1977.

Notre culture face au siècle, (ثقافتنا في مواجهة العصر)(Thaqâfatunâ fi muwâjahat al-ˁaṣr), Le Caire-Beyrouth, Dâr al-Shurûq, 1979.

Cette époque et sa culture, (هذا العصر وثقافته) (Hâza el-ˁaṣr wa thaqâfatûhû) Le Caire-Beyrouth, Dâr al-Shurûq, 1974.

Arabe entre deux culture, (عربي بين ثقافتين) (ˁArabiyy beyna thaqâfatein), Le Caire-Beyrouth, Dâr al-Shurûq, 1978.

L'Orient l'artiste, (الشرق الفنان)(Al-sharq al-fannân) Damas, Dâr al madâ li-thaqâfa w al-nashr, 2007.

David Hume, (ديفيد هيوم) Égypte, Dâr al-maˀâref, 1958.

Bertrand Russell, (برتراند رسل) Égypte, Dâr al-maˀâref, 1955.

La comédie terrestre, (الكوميديا الأرضية) (Al-comédia al-arḍiyya) Le Caire-Beyrouth, Dâr al-Shurûq, 1968.

Références

Paul Khoury, *Tradition et modernité, Thèmes et tendances de la pensée arabe contemporaine (les années 60 et 70)*, Paris, L'Harmattan, 2013.

Abd-el-laṭîf Fatḥ el-dîn, *Rénovation de la pensée arabe dans la philosophie de Z.N. Maḥmûd* (Tahdith al-fikr al-ˁarabiyy fi falsafat Zakî Najîb Maḥmûd), Beyrouth, Centre des études de l'unité arabe, 2011.

Les libéraux musulmans : Zakî Najîb Maḥmûd, in www.blog.sami-aldeeb.com

Mohammad Ahmad al-Qashlân, *Zakî Najîb Maḥmûd. Le leader de la philosophie positiviste*, (زكي نجيب محمود. زعيم الفلسفة الوضعية) in hadarat.ahram.org.eg/Articles.

Ibrahim Talba Salkaha, *L'attitude de Zakî Najîb Mahmûd envers la métaphysique*, in (موقف زكي نجيب محمود من الميتافيزيقا) almothaqaf.com/index.php/idea

'Ezzat el-Sayed Aḥmad, Mahmûd (Zakî Najîb), in محمود (زكي نجيب) www.arab-ency.com/ar

Samir Abou Zeid, *Zakî Najîb Mahmûd*, (زكي نجيب محمود) in www.arabphilosophers.com/Arabic/aphilosophers/amodern

Jihad Fadel, *Une lecture différente de Zakî Najîb Mahmûd*, (قراءة مختلفة لزكي نجيب محمود) in aljsad.org/showthread.php

Table des matières

Introduction (5)

Chapitre premier
Le positivisme logique et ses implications (11-37)

1. Critique de la métaphysique théorique (13)
    1.1. Les conditions d'un discours logique (14)
    1.2. La métaphysique, un discours stérile et vide de sens (20)
    1.3. Le discours boiteux de la métaphysique (22)
2. La métaphysique « critique » (26)
    2.1. La légitimité de la métaphysique analytique (27)
    2.2. Philosophie critique et philosophie dogmatique (28)
    2.3. La philosophie est essentiellement analyse (29)
3. La question de la relativité des valeurs (35)

Chapitre deuxième
Concilier le patrimoine culturel arabe et la pensée occidentale contemporaine (39-56)

1. Incorporer l'arabité à la contemporanéité (40)
2. Maintenir la forme du patrimoine arabe (43)
3. Créer une culture arabe contemporaine (47)
4. Le langage, instrument fondamental de rénovation (50)
5. Des obstacles à surmonter (53)

Chapitre troisième
Évolution de la maturation de la pensée (57-75)

1. Étapes évolutives de la pensée arabe ancienne (57)
2. Les degrés de la connaissance (64)
3. Priorité de la raison (65)
    3.1. Caractéristiques de l'attitude rationnelle (66)
    3.2. Opposition du rationnel aux divers modes d'irrationnel (72)

Chapitre quatrième
Conception d'une nouvelle société (77-93)

1. Une société socialiste et laïque (77)
2. Culture vécue et connaissance technoscientifique (80)
3. Pour une véritable philosophie arabe (82)
4. Art et liberté (87)

Chapitre cinquième
Essai d'évaluation (95-100)

1. La valeur accordée au patrimoine culturel (95)
2. Le rapport intrinsèque entre la philosophie et la condition humaine (96)
3. Attitude critique à l'égard du développement scientifique et technique démesuré (97)

Conclusion (101-102)

Œuvres de Zakî Najîb Ma*h*mûd (103)

Collection
« PENSÉE RELIGIEUSE ET PHILOSOPHIQUE ARABE »
www.penseearabe.com
dirigée par Antoine Fleyfel

Cette collection est un espace de réflexion qui traite des problématiques religieuses et philosophiques majeures du monde arabe contemporain. Elle considère que la complexité de ces questions suppose, pour leur compréhension, un abord critique qui s'appuie volontiers sur une interdisciplinarité nécessaire pour une meilleure intelligence des mutations humaines actuelles.

Cette collection publie des études qui ont comme objet le monde arabe, dans toutes ses constituantes culturelles, religieuses, politiques et sociales, ou des œuvres écrites par des penseurs arabes qui réfléchissent le monde à partir de leurs acquis contextuels.

Ne voulant être limitée par aucune école de pensée mais favorisant la réforme et le renouveau, cette collection mise sur la valeur scientifique et sur l'originalité des œuvres qu'elle publie, sur les ouvertures d'horizons proposées et sur l'échange interculturel pouvant être occasionné.

1- Antoine FLEYFEL, *La théologie contextuelle arabe. Modèle libanais*, 2011.
2- Paul KHOURY, *Islam et christianisme*, 2011.
3- Mouchir AOUN, *Heidegger et la pensée arabe*, 2011.
4- Clémence HÉLOU, *Symbole et langage dans les écrits johanniques*, 2012.
5- Paul KHOURY, *Pensée arabe contemporaine, Tradition et Modernité*, 2012.
6- Mouchir AOUN, *Une pensée arabe humaniste contemporaine, Paul Khoury et les promesses de l'incomplétude de l'être*, 2012.
7- Jean-Pierre NAKHLÉ, *La reconquête de l'être, Essai sur la marginalisation de la conscience dans l'œuvre de Joseph Abou Rizk*, 2012.
8- Joseph ABOU RIZK, *Conscience et vide d'existence*, 2013.
9- CMDR - FRANCE, *La France et les maronites, Colloque organisé le 19 novembre 2011 au Palais du Luxembourg*, 2013.

10- Paul KHOURY, *Tradition et modernité, Thèmes et tendances de la pensée arabe contemporaine (les années 60 et 70)*, 2013.
11- Carole DAGHER, *Réflexions libanaises*, 2013.
12- Shafik JARADI, *La religion, une question humaine ?*, 2013
13- Antoine FLEYFEL, *Géopolitique des chrétiens d'Orient, Défis et avenir des chrétiens arabes*, 2013.
14- Joseph MAALOUF, *Amin Maalouf, Itinéraire d'un humaniste éclairé*, 2014.
15– Alioune BAH, *La réception théologique et philosophique de l'islam en Europe à l'époque moderne*, 2014.
16– Mohamed OURYA, *Religieux dans les citadelles du Politique, Le cas Qaradawi, théologien et prédicateur*, 2014.
17– Paul KHOURY, *Le jeu de la vie, Méditations*, 2014.
18– Jean-Pierre NAKHLÉ, *Le criticisme dans la pensée arabe*, 2015.
19– Ibrahim TABET, *Le monothéisme, le pouvoir et la guerre, De la conversion de Constantin au jihad islamiste*, 2015.
20– Thierry BENOTMANE, *Le kérygme coranique, Un défi lancé à la raison historienne*, 2015.
21– Thierry BENOTMANE, *La réhistoricisation du kérygme coranique*, 2015.
22– Mouchir AOUN, *Fils et vicaire, Pour une anthropologie islamo-chrétienne comparée*, 2015.
23– Sarra LOUATI KOUBAJI, *L'esthétique de l'abstrait et les enjeux mystiques dans l'art musulman*, 2015.
24– Paul KHOURY, *Aporétique, ou « Que sçay-je ? »*, 2016.
25– Saeid JAZARI MAMEOI, *Le chiisme, quête de la fidélité aux imams*, 2016.
26– Bassem RAI, *Le Pacte national libanais de 1943. Genèse et appropriation*, 2016.
27– Mohamed OURYA, *La pensée arabe actuelle. Entre tradition et modernité*, 2016.
28– Gérard JÉHAMY, Aïda JÉHAMY, *Farid Jabre. Éclatement et renouveau de la pensée arabe*, 2016.
29– Paul KHOURY, *Le problème de l'homme*, 2016.
30– Sayed MATAR, *Charles Malik. Un défenseur des droits de l'homme*, 2017.
31– Farid JABRE, *Essais et articles*, 2017.

Philosophie
aux éditions L'Harmattan

Dernières parutions

BURKE, MARX, ARENDT ET LA CRITIQUE DES DROITS DE L'HOMME
Nogbou Hyacinthe
Le présent ouvrage propose de voir les inflexions des droits de l'homme face au pouvoir des nouvelles puissances, face à la plénitude de l'État-nation de façon générale, mais principalement face à l'État-africain. Comment, à partir des critiques d'Edmond Burke, de Karl Marx et d'Hannah Arendt, penser la réalité des droits de l'homme? Quel commerce ces trois grands penseurs des droits de l'homme entretiennent-ils?
(Harmattan Côte-d'Ivoire, 13.50 euros, 114 p.)
ISBN : 978-2-343-10569-7, ISBN EBOOK : 978-2-14-003024-6

COURT TRAITÉ DE LA SERVITUDE RELIGIEUSE
Pour une théorie critique du fait religieux
Collin Denis
La critique de la religion est pour l'essentiel terminée : voilà ce que Marx écrivait en 1843 (Critique de la philosophie du droit de Hegel). Le début du XXIe siècle semble lui donner tort. Fondamentalismes, djihadisme, terrorisme : ceux qui pensaient que nous étions définitivement entrés dans un monde matérialiste en sont pour leurs frais. Mais il existe une tradition philosophique pour laquelle vivre sous la conduite de la raison permet de s'émanciper de la servitude religieuse. Il s'agit donc d'en revenir aux principes afin d'examiner ce qu'il en est du fait religieux aujourd'hui.
(Coll. Ouverture Philosophique, 12.00 euros, 90 p.)
ISBN : 978-2-343-11318-0, ISBN EBOOK : 978-2-14-003063-5

DE LA POSSIBILITÉ D'UNE FICTION HISTORIQUE CHEZ JACQUES DERRIDA
Phénoménologie, grammatologie, poétique
Trujillo Ivan
Dans ce livre, l'auteur explore le rapport entre la fiction et l'histoire dans la philosophie de Jacques Derrida. En essayant de discerner la pensée d'une certaine fiction historique chez Derrida, l'auteur cherche à éclairer la portée politique de l'idée d'une littérature sans condition.
(Coll. La philosophie en commun, 26.00 euros, 268 p.)
ISBN : 978-2-343-10416-4, ISBN EBOOK : 978-2-14-002948-6

L'ÉTHIQUE HUMANITAIRE AU PRISME DE NIETZSCHE
Pitié et souffrance
Moutoumbou Ndjounggui Roland Rodrigue
L'universalité de l'« humanitaire » dans notre monde suscite un triple soupçon : n'aurait-il pas partie liée avec la tradition humaniste qui donne une place centrale à la pitié. Si oui, qui investit sa pitié dans l'humanitaire, pour qui (en faveur de qui) et avec quels effets moraux sur ceux qui en bénéficient ? Et si on refuse la morale et la politique de la pitié, est-ce à dire qu'on renonce à venir au secours de ceux qui souffrent ? Afin d'éviter les pièges détestables de la pitié, l'auteur utilise des concepts nietzschéens pour repenser une éthique humanitaire.
(Harmattan Cameroun, 26.00 euros, 262 p.)
ISBN : 978-2-343-11266-4, ISBN EBOOK : 978-2-14-002920-2

DES HUMAINS CONFIANTS ET DOCILES
Vincent Hubert
La confiance : donnée naturelle ou conséquence d'un certain nombre d'efforts ou d'intentions ? Dans les deux cas, elle est un résultat. Ni naturelle ni fabriquée, elle reste néanmoins à la base de tout. En découle la docilité, qu'il ne faut pas confondre avec la crédulité, la soumission, la dépendance et l'absence de tout esprit critique. Avoir bon esprit ne fait pas de nous des gens aveugles et stupides. En ces temps incertains et violents, il ne faudrait pas oublier qu'il nous est possible d'aimer ce monde et d'y prendre goût.
(Coll. La philosophie en commun, 25.00 euros, 234 p.)
ISBN : 978-2-343-11234-3, ISBN EBOOK : 978-2-14-002996-7

PHILOSOPHIE DU VIEILLIR
Existence et temporalité dans la pensée antique
Lombard Jean
La vieillesse apparaît avec une espèce d'évidence énigmatique. Elle s'est imposée à l'observation des hommes dès les premiers temps de la Grèce : le concept même d'âge avancé est affecté par les grandes modifications qui marquent l'histoire grecque et romaine. Il est impossible de l'ignorer, de ne pas remarquer sa réalité familière et de l'éviter, le moment venu. Au fond, qu'est ce que la vieillesse ?
(Coll. Hippocrate et Platon, études de philosophie de la médecine, 14.50 euros, 126 p.)
ISBN : 978-2-343-11383-8, ISBN EBOOK : 978-2-14-003011-6

MÉLANGES PHILOSOPHIQUES
Sous la direction de Yahot Christophe
Les deux dernières décennies ont vu se développer un grand nombre d'universités et d'institutions de recherche dans de nombreux pays africains. Les intellectuels du continent éprouvent de plus en plus la volonté de partager leur expérience et leur vision du monde et des choses avec le reste du monde. Faire vivre la diversité, tel est le but primordial de ce livre qui inaugure la collection « Arc-en-ciel » qui se présente comme une œuvre de construction commune pour trouver les réponses aux grands défis du XXIe siècle.
(Harmattan Côte-d'Ivoire, 20.50 euros, 196 p.)
ISBN : 978-2-343-10568-0, ISBN EBOOK : 978-2-14-003028-4

LA PAROLE DE PROTAGORAS
Fragments et témoignages (édition bilingue – Grec et latin / Français)
Moscarelli Laura
Intellectuel intelligent et probe, fin pédagogue, orateur passionné, Protagoras d'Abdère était l'une des plus grandes personnalités de la Grèce antique. Traditionnellement considéré comme le premier des «sophistes», il défendait la démocratie périclèenne. Sa parole, comme celle de tous les sophistes, a été discréditée tout au long de l'histoire de la pensée occidentale. Elle mérite d'être réhabilitée et écoutée pour elle-même. Cet ouvrage propose donc une traduction du grec et du latin au français de la plupart des fragments et des témoignages que nous possédons. Une courte introduction historique précède ces textes.
(Coll. Philosophies-Artistes, 15.50 euros, 138 p.)
ISBN : 978-2-343-11132-2, ISBN EBOOK : 978-2-14-002937-0

VALEURS FONCTIONNALISÉES ET RELATIONS INTERCULTURELLES
Essai
Yahot Christophe
Qui sont les hommes véritablement, et comment la nécessité du vivre ensemble peut-elle se concevoir à l'aube du XXIe siècle afin de réduire si possible les conflits qui tirent, semble-t-il, leur origine dans les différences culturelles ? Si les rapports entre les hommes deviennent de plus en plus insupportables en raison de l'intolérance et de la violence qu'ils génèrent, c'est collectivement que nous devons trouver les réponses aux problèmes qui se dressent sur le chemin de l'avènement du «règne des fins».
(Harmattan Côte-d'Ivoire, 16.50 euros, 152 p.)
ISBN : 978-2-343-10570-3, ISBN EBOOK : 978-2-14-003027-7

LA RAISON OU LE CHAOS
Prone André – Préface d'André Tosel
Persuadé de l'imminence de la dimension paroxysmique de la crise actuelle, l'auteur revisite deux concepts philosophiques présentés par Marx et Spinoza, pour montrer en quoi le système capitaliste s'oppose à la raison. L'auteur propose aussi deux nouveaux paradigmes pour permettre au peuple de faire face à la fragilité de l'humanité et au déséquilibre de l'écosystème naturel mis en péril par la marchandisation du vivant.
(Coll. Questions contemporaines, 15.00 euros, 142 p.)
ISBN : 978-2-343-11293-0, ISBN EBOOK : 978-2-14-002914-1

CRITIQUE DE LA RAISON PHILOSOPHIQUE (Tome 1)
Première partie. La preuve par l'ordre et la mesure
Jalley Émile
Cet ouvrage peut se lire selon quatre « preuves » indépendantes bien que complémentaires : preuve cartésienne selon l'ordre et la mesure (tome 1), preuve kantienne-hégélienne selon l'histoire de la philosophie (tomes 2 et 3), preuve scientifique selon la psychologie de l'enfance (tome 4) et preuve populaire prise dans l'espace médiatique (tome 5). Ces cinq volumes peuvent se lire séparément.
(29.50 euros, 288 p.)
ISBN : 978-2-343-10917-6, ISBN EBOOK : 978-978-2-14-002829-8

CRITIQUE DE LA RAISON PHILOSOPHIQUE (Tome 2)
Deuxième partie. La preuve par l'histoire de la philosophie
Jalley Émile
Cet ouvrage peut se lire selon quatre « preuves » indépendantes bien que complémentaires : preuve cartésienne selon l'ordre et la mesure (tome 1), preuve kantienne-hégélienne selon l'histoire de la philosophie (tomes 2 et 3), preuve scientifique selon la psychologie de l'enfance (tome 4) et preuve populaire prise dans l'espace médiatique (tome 5). Ces cinq volumes peuvent se lire séparément.
(25.00 euros, 236 p.)
ISBN : 978-2-343-11196-4, ISBN EBOOK : 978-978-2-14-002830-4

CRITIQUE DE LA RAISON PHILOSOPHIQUE (Tome 3)
Deuxième partie. La preuve par l'histoire de la philosophie
Jalley Émile
Cet ouvrage peut se lire selon quatre « preuves » indépendantes bien que complémentaires : preuve cartésienne selon l'ordre et la mesure (tome 1), preuve kantienne-hégélienne selon l'histoire de la philosophie (tomes 2 et 3), preuve scientifique selon la psychologie de l'enfance (tome 4) et preuve populaire prise dans l'espace médiatique (tome 5). Ces cinq volumes peuvent se lire séparément.
(23.50 euros, 222 p.)
ISBN : 978-2-343-11197-1, ISBN EBOOK : 978-978-2-14-002831-1

CRITIQUE DE LA RAISON PHILOSOPHIQUE (Tome 4)
Troisième partie. La preuve par la psychologie
Jalley Émile
Cet ouvrage peut se lire selon quatre « preuves » indépendantes bien que complémentaires : preuve cartésienne selon l'ordre et la mesure (tome 1), preuve kantienne-hégélienne selon l'histoire de la philosophie (tomes 2 et 3), preuve scientifique selon la psychologie de l'enfance (tome 4) et preuve populaire prise dans l'espace médiatique (tome 5). Ils peuvent se lire séparément, mais font partie d'un même projet de critique de la philosophie française contemporaine. Ces cinq volumes peuvent se lire séparément.
(26.50 euros, 254 p.)
ISBN : 978-2-343-11198-8, ISBN EBOOK : 978-978-2-14-002832-8

CRITIQUE DE LA RAISON PHILOSOPHIQUE (Tome 5)
Quatrième partie. La preuve par le discours médiatique
Jalley Émile

Cet ouvrage peut se lire selon quatre «preuves» indépendantes bien que complémentaires : preuve cartésienne selon l'ordre et la mesure (tome 1), preuve kantienne-hégélienne selon l'histoire de la philosophie (tomes 2 et 3), preuve scientifique selon la psychologie de l'enfance (tome 4) et preuve populaire prise dans l'espace médiatique (tome 5). Ils peuvent se lire séparément, mais font partie d'un même projet de critique de la philosophie française contemporaine. Ces cinq volumes peuvent se lire séparément.
(33.00 euros, 320 p.)
ISBN : 978-2-343-11199-5, ISBN EBOOK : 978-978-2-14-002833-5

LE MONDE DANS 3 000 ANS
Essai
Arnaud Emmanuel

Quelle sera l'apparence de l'espèce humaine dans 3 000 ans ? Quelle sera la forme de l'organisation économique et sociale de ses civilisations ? Quelle sera l'étendue de sa connaissance et de ses conquêtes physiques ? C'est à ces différentes questions que répond de façon originale cet essai. L'auteur s'essaye ici à la prospective, nous offrant un scénario possible de l'histoire humaine...
(Coll. Rue des écoles, 14.00 euros, 152 p.)
ISBN : 978-2-343-10976-3, ISBN EBOOK : 978-978-2-14-002792-5

LE LIBRE ARBITRE
Esquisse d'une métaphysique de la liberté
Van Kerckhoven Alain

Dans cet ouvrage, l'auteur démontre que le libre arbitre a toujours été instrumentalisé pour justifier des postures religieuses, philosophiques ou politiques. L'apparition de nouveaux outils de connaissance permet pour la première fois d'en faire un sujet d'étude rationnelle. Les conclusions nous entraînent aux frontières de la science et de la philosophie, au cœur de l'expérience humaine.
(Coll. Ouverture Philosophique, 18.50 euros, 174 p.)
ISBN : 978-2-343-10613-7, ISBN EBOOK : 978-978-2-14-002701-7

HISTOIRE DES ONGLES
Essai sur l'apparent et le manifeste
Hervieu Éric

Les ongles font partie des productions apparentes et persistantes à la surface de la peau, que l'on regroupe sous le nom de «phanères», mot qui à l'origine signifiait visible, évident, apparent, manifeste. Les ongles ont donné lieu à une symbolique tout aussi ancienne qu'abondante (croyances populaires, registres médicaux ou religieux, esthétiques de Poe et de Mallarmé...). C'est donc à partir de ces interprétations que se révèlent certains enjeux de la forme artistique, puisque l'art lui-même est apparent et manifeste.
(Coll. Acteurs de la Science, 12.50 euros, 100 p.)
ISBN : 978-2-343-11086-8, ISBN EBOOK : 978-978-2-14-002713-0

CRITIQUE DU DROIT CHEZ MICHEL VILLEY ET RENÉ GIRARD
Pour une épistémologie négative
Dubouchet Paul

La virulence parait être le point commun entre Michel Villey et René Girard. Pour René Girard, droit, philosophie et sciences humaines ont pour but de cacher le «meurtre fondateur» tandis que pour Villey elles veulent répudier le «raisonnement dialectique» au profit du «raisonnement déductif». Mettre en rapport ces deux critiques permet de révéler une «épistémologie négative», seule capable de sauver, avec le droit, la philosophie et les sciences humaines.
(Coll. Ouverture Philosophique, 19.00 euros, 182 p.)
ISBN : 978-2-343-10665-6, ISBN EBOOK : 978-2-14-002551-8

L'HARMATTAN ITALIA
Via Degli Artisti 15; 10124 Torino
harmattan.italia@gmail.com

L'HARMATTAN HONGRIE
Könyvesbolt ; Kossuth L. u. 14-16
1053 Budapest

L'HARMATTAN KINSHASA
185, avenue Nyangwe
Commune de Lingwala
Kinshasa, R.D. Congo
(00243) 998697603 ou (00243) 999229662

L'HARMATTAN CONGO
67, av. E. P. Lumumba
Bât. – Congo Pharmacie (Bib. Nat.)
BP2874 Brazzaville
harmattan.congo@yahoo.fr

L'HARMATTAN GUINÉE
Almamya Rue KA 028, en face
du restaurant Le Cèdre
OKB agency BP 3470 Conakry
(00224) 657 20 85 08 / 664 28 91 96
harmattanguinee@yahoo.fr

L'HARMATTAN MALI
Rue 73, Porte 536, Niamakoro,
Cité Unicef, Bamako
Tél. 00 (223) 20205724 / +(223) 76378082
poudiougopaul@yahoo.fr
pp.harmattan@gmail.com

L'HARMATTAN CAMEROUN
TSINGA/FECAFOOT
BP 11486 Yaoundé
699198028/675441949
harmattancam@yahoo.com

L'HARMATTAN CÔTE D'IVOIRE
Résidence Karl / cité des arts
Abidjan-Cocody 03 BP 1588 Abidjan 03
(00225) 05 77 87 31
etien_nda@yahoo.fr

L'HARMATTAN BURKINA
Penou Achille Some
Ouagadougou
(+226) 70 26 88 27

L'HARMATTAN SÉNÉGAL
10 VDN en face Mermoz, après le pont de Fann
BP 45034 Dakar Fann
33 825 98 58 / 33 860 9858
senharmattan@gmail.com / senlibraire@gmail.com
www.harmattansenegal.com

Achevé d'imprimer par Corlet Numérique - 14110 Condé-sur-Noireau
N° d'Imprimeur : 137336 - Dépôt légal : mars 2017 - *Imprimé en France*